Michael Kleemann

Wandertouren für Langschläfer
SÄCHSISCHE SCHWEIZ

Auf 30 reizvollen Halbtagstouren
durch das Elbsandsteingebirge

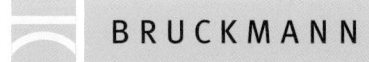

BRUCKMANN

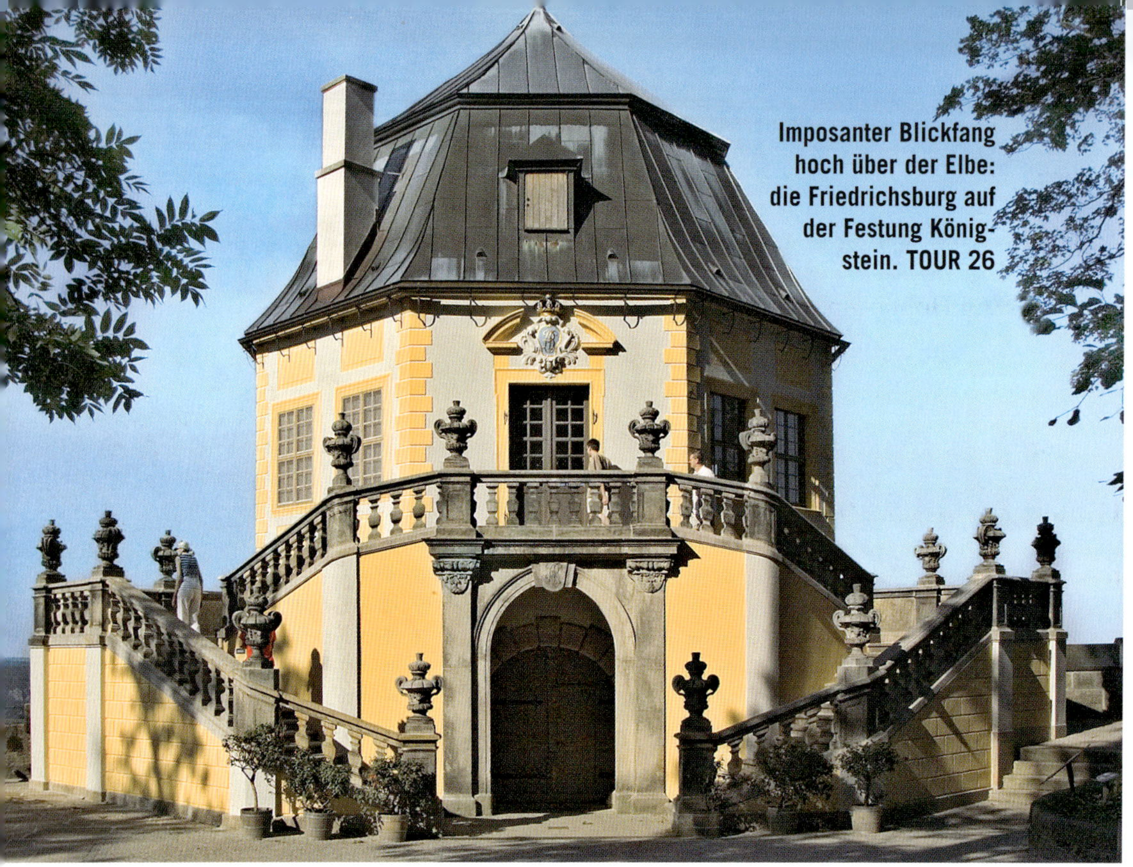

Imposanter Blickfang hoch über der Elbe: die Friedrichsburg auf der Festung Königstein. TOUR 26

Inhalt

Felsenwelt über dem Wasser: die Schrammsteine über der Elbe

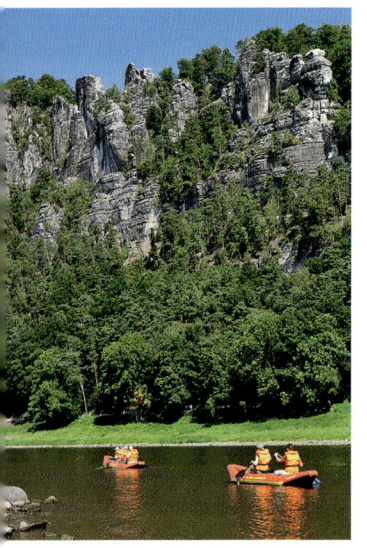

**Wegweiser in das Paradies
der Sächsischen Schweiz**

Ein Kunstwerk für sich:
die Felsstufen zum Großen
Pohlshorn. TOUR 14

Böhmische Schweiz　　　　　　　　　　　84

Linkselbische Sächsische Schweiz　　102

Duftende Blumenwiese am Großen Zschand mit einem Fingerhut

Vorwort

Seit mehr als 200 Jahren kommen die Gäste in die Sächsische Schweiz und seit 140 Jahren ins Elbhotel Bad Schandau. Zentral im Stadtzentrum von Bad Schandau und direkt an der Elbpromenade gelegen, ist es der ideale Ausgangspunkt zum Erkunden des Elbsandsteingebirges, egal, ob mit Schiff, Fahrrad, zu Fuß, mit Bus oder Bahn. Das familiengeführte Drei-Sterne-Hotel erfüllt höchste Ansprüche bei Komfort und Service. Die ersten Sonnenstrahlen blinzeln über die Elbe. Noch einmal drehe ich mich im kuscheligen Bett herum; das kann ich mir leisten, schließlich gibt es ja bis 10 Uhr Frühstück. Freundlich werde ich dann von der Rezeption geweckt, und frisch geduscht begebe ich mich ans Frühstücksbüffet. Dann packe ich meinen Rucksack und fahre mit der originellen Kirnitzschtalbahn durch das beschauliche Tal und beginne dann meine Tour: vom Beuthenfall aus über den Kuhstall, vorbei am Frienstein und der Felsformation der Oberen Affensteine, und zurück zum Ausgangspunkt, wo mich die alte Straßenbahn wieder nach Bad Schandau bringt. Der Wellnessbereich mit Trocken- und Dampfsauna, Kneippschem Pfad und Erlebnisduschen bringt mich im Elbhotel wieder auf Trab. Anschließend erwartet mich dort auf der hoteleigenen Terrasse das reichhaltige Abendessen, und hier lasse ich noch einmal meine Gedanken zur heutigen Tour über die Elbe fliegen, nein – fließen.

So oder so ähnlich könnte sich Ihr Tourentag gestalten, vorausgesetzt, Sie bleiben einige Tage in der Sächsischen Schweiz. Machen es doch die Kontraste zwischen einem Hotel, das es an nichts zu wünschen lässt, einer romantischen Straßenbahnfahrt, einer rustikalen Hütteneinkehr und der ursprünglichen Natur aus – so wie eben in diesem wunderbaren Nationalpark.

Aber auch alle, die zu einer Tagestour von Dresden, Pirna oder Leipzig aus aufbrechen, dürfen erst einmal zu Hause gemütlich frühstücken, bevor sie sich auf die Socken machen. So oder so dürfte diese Art des Langschläfer-Wanderns ihren ganz eigenen Reiz haben – denn ausgeschlafen, mit einem guten Frühstück im Bauch zu einer Tour aufzubrechen, bedeutet auch, mit allerbester Laune durch die traumhafte Landschaft der Sächsischen Schweiz zu ziehen.

Ich wünsche Ihnen, liebe Wanderer und Langschläfer gleichermaßen, schon jetzt viel Spaß auf den im Folgenden beschriebenen Touren!

Ihr Michael Kleemann

Einleitung

Die Regionen

Die Touren sind geogafisch nach den folgenden Gebieten geordnet. Die **Vordere Sächsische Schweiz** ist auch durch die Nationalparkzonen ausgewiesen. Natürlich steht hier die Bastei im Vordergrund. Grundsätzlich sind hier mittelhohe Felsformationen bis zu einer Höhe von etwas über 300 Meter über dem Meeresspiegel anzutreffen. Das Gebiet befindet sich rechts der Elbe. Dem schließt sich die **Hintere Sächsische Schweiz** an. Hier sind Felsformationen um die 420 Meter ü. d. M. im Bereich der Schrammsteine anzutreffen, der Waldkegel des Großen Winterberges misst als höchste Erhebung dieser Region 456 Meter ü. d. M. Der Bereich ist vor allem durch die Wanderungen im Elbtal, im Kirnitzschtal sowie im Großen Zschand gekennzeichnet. Das gesamte Gebiet befindet sich ebenfalls rechts der Elbe. Die **Böhmische Schweiz** markiert den südlichen Rand des Elbsandsteingebirges im Übergang zum Böhmischen Becken. Bekannteste Berge sind hier das Prebischtor und der Rudolfstein mit 484 Metern ü. d. M. Zusammen mit der Edmundsklamm und der Wilden Klamm bietet diese Region hochinteressante Touren. Das gesamte Gebiet liegt ebenfalls rechts der Elbe.

Kaffee, Kuchen, Kirchenbesuch und Einkaufsbummel. Nach der Tour geht es auf den Marktplatz von Bad Schandau (Tour 6).

Die **Linkselbische Schweiz** ist in ihrer Bezeichnung eher unbekannt und dient hier vor allem der geografischen Eingrenzung. Sie ist auch als »Vordere Sächsische Schweiz linkselbisch« bekannt, hier aber nicht so erwähnt, um den Begriff der »Vorderen Sächsischen Schweiz rechtselbisch« nicht doppelt zu verwenden. Charakteristisch für diese Region sind die Tafelberge, die teilweise auch schon erodiert sind. So entstanden aus einem Massiv der Gohrisch und der Papststein.

Anreise

Fast alle Ausgangspunkte der Touren sind mit dem Auto zu erreichen. Manchmal ist aber auch noch eine Überfahrt mit der Fähre erforderlich, wie z.B. in Rathen. Die Parkplätze können zudem, gerade bei Schönwetter und an Wochenenden, schon belegt sein. Dies gilt im Besonderen für die Parkplätze im Kirnitzschtal, in Rathen (Bastei), am Wanderparkplatz Papststein-Gohrisch sowie in Hrensko am Eingang der Edmundsklamm.

Da bietet sich die Anreise mit öffentlichen Verkehrsmitteln an: Die S1 nach Bad Schandau bzw. Schöna verfügt über Doppelstockwagen – da kann man schon die Fahrt entlang der Elbe genießen. Zudem starten von den Bahnhöfen, die an der Elbe liegen, laufend Fähren über den Fluss. Anschlussbusse, etwa die Nationalparklinie 241 nach Hinterhermsdorf durchs Kirnitzschtal, sind auf die Ankunftszeiten der Züge abgestimmt. Außerdem ist es immer ein nostalgisches Highlight, mit der alten Kirnitzschtalbahn durch das romantische Tal zu fahren. Für alle diese Verkehrsmittel gibt es günstige Kombikarten des VVO (Verkehrsverbund Oberelbe; Infos dazu unter www.ovps.de sowie bei den zuständigen Tourist-Infos). Kahnfahrten durch die Edmundsklamm, die Wilde Klamm und durchs Kirnitzschtal zur Oberen Schleuse ermöglichen es Ihnen, mit noch einem weiteren Fortbewegungsmittel unterwegs zu sein. Neben dem Umweltgedanken ist zudem der Preis ein Argument für die Anreise, schließlich sparen Sie sich ja auch die Parkgebühr. Außerdem können Sie so für Ihre Wanderung verschiedene Ausgangs- und Endpunkte wählen, was bei einigen der folgenden Touren als bereichernde Alternative berücksichtigt werden konnte. Alle Informationen zu den Verkehrsverbindungen erhalten Sie unter www.ovps.de.

Naturgenuss pur: wilde Felsformationen am Goldsteig (Tour 12)

Gehzeiten und Kombination mit anderen Touren

Alle Touren werden »Langschläfern« gerecht. Dabei variieren die Gehzeiten von 1.30 bis hin zu 4.15 Stunden. Diese sind ohne Pausen eingerechnet, aber großzügig bemessen und entsprechen einem normalen Gehtempo. So gesehen kann jeder, je nach Tour und Anfahrt, lange oder ganz lange ausschlafen. Zudem sind Kombinationsmöglichkeiten mit anderen Touren bei den jeweiligen Wanderungen angegeben.

Wetter, Wegbeschaffenheit, Wegeinfos

Holen Sie vor Ihrer Wanderung genaue Wetterdaten ein. Dabei kann Ihnen die jeweils zuständige Tourist-Info weiterhelfen. Angaben aus den Wetterdiensten sollten hierzu nur ein erster Anhaltspunkt sein, denn die jeweilige Wetterlage kann auf die Region ihre ganz eigenen Auswirkungen haben.

Mit Eisentritten und Eisenleitern versehene Wege sollten bei angesagten Niederschlägen grundsätzlich gemieden werden, da die Rutschgefahr zu groß ist! Ebenso sollte man nicht am Vormittag starten, wenn es am Vortag geregnet hat. Eine besondere Vorsicht ist dann auch auf den Holzstufenwegen angesagt, vor allem beim Abstieg, die dann sehr rutschig sein können.

Anders als in den Alpen kann man hier den Sandstein als durchaus griffig bezeichnen, dennoch sollte man die Steine bei Nässe auf den Wegen – vor allem beim Abstieg! – mit Vorsicht betreten.

Aktuelle Informationen zu den Wegen erhalten Sie unter www.nationalpark-saechsische-schweiz.de/aktuelles/wegeservice-und-wegeinfo/.

Jahreszeit

Die Hauptwanderzeit ist in der Sächsischen Schweiz von April bis Oktober. Außerhalb dieser Zeiten haben viele Hütten und Bauden geschlossen. Zudem können Eis und Schnee, ebenso Schatten und Nässe viele Wege, insbesondere die Eisenleitern und Treppen, in gefährliche Rutschbahnen verwandeln. Letztere können im Winter auch bei entsprechender Wetterlage geschlossen sein. Informieren Sie sich daher vor Antritt einer Tour in dieser Jahreszeit bei der zuständigen Tourist-Info über die Wegverhältnisse und Öffnungszeiten der Hütten und Bauden.

Jedes Ziel ein besonderes Highlight (Tour 8)

Wanderungen in Tschechien

Hier sind die Preise bei der Einkehr und den Kahnfahrten auch in Euro angegeben, weshalb ein Umtausch in tschechische Kronen nicht erforderlich ist.

Wegtafeln sind an allen wichtigen Abzweigungen angebracht, ursprünglich deutsche Namen sind hier zumeist nicht angegeben, jedoch im empfohlenen Kartenmaterial vermerkt. Deshalb habe ich bei den Tourenbeschreibungen in Tschechien auch deutsche Ortsnamen angegeben, die uns im Sprachgebrauch einfach verständlicher sind.

Die Wegweiser sind in Tschechien mit Kilometerangaben versehen, nicht wie bei uns mit den Gehzeiten. Das kann fehlinterpretiert werden, schließlich geht es ja auf diesen Touren um die Höhenmeter. Achten Sie also auf die im Buch angegebenen Gehzeiten und die ausgewiesenen Höhenmeter.

Genießen Sie zudem die leckere tschechische Küche, die preislich etwa die Hälfte bis zwei Drittel der Preise in deutschen Gaststätten ausmacht. Es gibt hier auch viele böhmische Gerichte, die in der Sächsischen Schweiz nicht serviert werden.

Schwindelfreiheit und Trittsicherheit

Neben Trittsicherheit, die grundsätzlich auf allen Touren erforderlich ist, kann Schwindelfreiheit auf einigen Wanderungen ein Thema sein, etwa auf der Schrammsteinaussicht, ebenso am Lilienstein, aber auch auf den Aussichtspunkten über dem Prebischtor. Schwindelfreiheit wird von den Wanderern naturgemäß häufig unterschiedlich beurteilt. Ich habe mich nach den Erfahrungen mit meinen Wandergruppen entschlossen, dieses Thema sensibel zu behandeln. Deshalb sind alle Touren, auf denen Eisentreppen oder -leitern anzutreffen sind, »Schwarz« (= schwer) eingestuft. Sollten diese auf der Tour umgangen werden können, gibt es auch die Angabe in der Kombination wie z. B. Schwer/Mittel (s. hierzu bei »Wegekategorisierung«). Letztendlich hat aber jeder Einzelne seine eigene Wahrnehmung diese Thematik betreffend.

Übrigens: Dass man auf diesen Touren auch mal Touristen in Halbschuhen oder Badesandalen antrifft, sollte uns nicht dazu verleiten, ebenso unvorsichtig zu sein.

Wegekategorisierung

Sie ist gemäß der allgemeingültigen Einteilung alpiner Touren in »Blau«, »Rot« und »Schwarz« geführt, was Ihnen als Orientierung bei der Tourenplanung dienen soll. Anzumerken sei, dass die Wege in allen Teilen der Sächsischen und Böhmischen Schweiz nicht über diese Kategorisierung verfügen; ebenso wird dort bei Wegen mit Eisenleitern oder -treppen nicht daraufhin gewiesen, dass hier gegebenenfalls eine gewisse Übung bzw. alpine Erfahrung erforderlich ist.

Blau – leicht: Technisch einfache Wanderungen mit Wegen, die Spazierwegen ähneln. Keine ausgesetzten oder schwierigen Stellen.

Rot – mittel: Mittelschwierige Bergwanderungen mit alpinem Charakter, die Trittsicherheit auf Pfaden und Wegen erfordern. Schwindelfreiheit ist hier noch nicht erforderlich.

Schwarz – schwer: Anspruchsvolle Bergtouren mit alpinem Charakter, die Bergerfahrung und absolute Trittsicherheit inklusive Schwindelfreiheit erfordern. In der Regel sind auf den Wegen Eisenleitern und -treppen anzutreffen.

Für alle Touren gilt: Die schwierigste Passage ist maßgebend für die Einstufung der jeweiligen Tour, auch wenn nur einzelne Komponenten aus den Angaben für diese Einstufung zutreffen, ebenso wie der restliche Wegverlauf auch. Deshalb gibt es dann auch zwei Farben in der Bewertung einer Tour, wenn bestimmte Routen über Eisentreppen und -leitern umgangen werden können, wie z. B. beim Rudolfstein und am Frienstein. Nur dann sind zwei Farbbewertungen angegeben mit der Angabe z. B. Schwer/Mittel.

Höhendifferenzen

Sie geben den Unterschied zwischen Berg und Tal wieder. Bei Touren, wo es Zwischenan- oder -abstiege gibt, ist die Summe der Höhenmeter angegeben.

Kartenmaterial

Ich empfehle Ihnen, für die Wanderungen das angegebene Kartenmaterial zu verwenden – zumeist sind dies Topgrafische Karten im Maßstab 1:25 000 des Staatsbe-

Was ganz Besonderes: die Fahrt mit dem Sächsisch-Böhmischen Nationalparkexpress

Oben: Rumpeln, Quietschen, Nostalgie: die Kirnitzschtalbahn am Kurpark von Bad Schandau

triebes für Geobasisinformation und Vermessung des Freistaats Sachsen. Damit kann das betreffende Gebiet mit Höhenzügen, Bach- und Talverläufen und etwaigen Wegangaben optimal erfasst werden.

Ausrüstung und Proviant

Für alle Touren sollten Sie gut ausgerüstet sein. Dazu gehören Wanderschuhe mit Profilgummisohle, regenfeste Wanderkleidung, gegebenenfalls auch höhenverstellbare Teleskopstöcke zur Entlastung der Kniegelenke beim Abstieg. Bei Wegen mit Eisenstufen und -leitern sollten Sie am Rucksack eine Halterung haben, um die Stöcke dort unterzubringen, damit Sie für diese Etappen beide Hände frei haben. Sonnenschutz wie Sonnencreme mit hohem Lichtschutzfaktor und eine Sonnenkappe sollten Sie an Sommertagen mitnehmen, vor allem für die aussichtsreichen Gipfellagen. Ebenso dürfen Wechselwäsche, ein Mobiltelefon sowie eine Stirnlampe (falls Sie in die Dunkelheit geraten) in Ihrem Rucksack nicht fehlen. Traubenzucker und ein Stück Schokolade kann ich ebenso empfehlen.

Für eine Rast mit Selbstverpflegung empfehle ich eine Tupperbox für Ihre Brotzeit und eine Trinkflasche (mindestens 1 l pro Person!). Natürlich sind bei einigen Wanderungen auch entsprechende Einkehrmöglichkeiten angegeben, jedoch nicht immer bei allen – also sorgen Sie lieber mit einem eigenen Proviant vor.

Rechts: Romantisches Bild aus einer anderen Zeit: böhmische Idylle in Jetřichovice (Tour 25)

Links: Die besten Kuchen aus der Region kommen aus der Schmilkaer Mühle (Tour 20).

Vordere Sächsische Schweiz

Die Vordere Sächsische Schweiz ist ein Paradies: wie im Tal der Polenz an der Waltersdorfer Mühle (l. o.), beim Ausblick von der Brandbaude bis zur Bastei (l. u.), auf der Burg Hohnstein (r. o.) oder an den Blumenufern der Polenz (r. u.).

13

1 Stimmungsvolle Momente auf der Höhe

Von Stadt Wehlen zur Wilkeaussicht

Mittel	100 Hm	2.15 Std.	5,2 km

Tourencharakter
Wanderung auf Wanderwegen, breiten Schotterwegen, Nebenstraßen und über Steinstufen

Ausgangs-/Endpunkt
Bahnhof Stadt Wehlen (115 m) und Parkplätze Stadt Wehlen in Nähe der Fähre (linkselbisch und rechtselbisch)

Höchster Punkt
Wilkeaussicht (220 m)

Anfahrt
A 17 bis Ausfahrt Pirna, dann B 172 Richtung Königstein und über Struppen nach Stadt Wehlen linkselbisch, Übersetzen mit der Fähre nur Personen; oder über Pirna und Lohmen bis Dorf Wehlen und weiter nach Stadt Wehlen rechtselbisch, Übersetzen mit der Fähre nicht erforderlich
Bus & Bahn: S1 ab Dresden Richtung Schöna oder Bad Schandau bis Stadt Wehlen

Gehzeiten
Stadt Wehlen – Wilkeaussicht 30 Min. – Alter Steinbruch 30 Min. – Dorf Wehlen 30 Min. – Stadt Wehlen 45 Min.

Beste Jahreszeit
April bis Oktober, bei Schnee- und Eisfreiheit auch ganzjährig

Einkehr
Unterwegs keine; mehrere Gasthöfe in Dorf Wehlen und Stadt Wehlen

Karte
Landesvermessungsamt Sachsen, Blatt Sächsische Schweiz/Pirna/Königstein, 1:25 000

Tourismus-Info
Stadt-Wehlen
Telefon: 035024/704 14
Website: www.stadt-wehlen.de

Von der Wilkeaussicht genießt man romantische Tiefblicke über die Elbe nach Stadt Wehlen und hinüber zur Bastei. Über einen alten Steinbruch und Dorf Wehlen wandern wir dann wieder zurück.

Stadt Wehlen und die Schwedenhöhle 1269 wurde Wehlen erstmals als Wylin urkundlich erwähnt. Heute mutet der Ort an der Elbe wie aus der Puppenkiste an. Am Marktplatz tummeln sich die Radtouristen, die am Elberadweg hier Pause machen. Doch kaum sind die Tagestouristen weitergezogen, fällt der Ort schon früh am Abend in seinen Dornröschenschlaf. Dann sitzen nur noch ein paar Einheimische bei einem Glas Wein im Garten mit Blick auf die Elbe.
Die Schwedenhöhle ist eine tektonische Klufthöhle. Ihr Name entstand in der Zeit der nordischen Kriege um 1706, als plündernde und mordende schwedische Truppen durchs Land zogen. Die Dorfbewohner der Umgebung sollen sich in solchen Höhlen versteckt haben. Die Schwedenhöhle wird erstmals 1903 vom Sächsischen Gebirgsverein beschrieben. Wichtig in diesem Bereich ist es, dem markierten Weg oberhalb der Höhlen, an der Elbhangkante, zu folgen. Die Höhlen sind im Steilhanggebiet nicht zu erreichen, es besteht Absturzgefahr!

Wilkeaussicht und der Steinbruch Dieser Aussichtspunkt ist seit dem 26. Mai 1877 unter diesem Namen bekannt. Zuvor erinnerte der Ort an einen Pfarrer aus dem Ort Wehlen und wurde »Poltermanns Ruhe« genannt. Von der Wilkeaussicht genießt man einen herrlichen Rundblick über das Elbtal auf Stadt Wehlen, das Basteigebiet, den Rauenstein, die Bärensteine und die Gemeinde Naundorf.
Verfallene Gebäude stellen die letzten Überreste des Steinbruchs dar; am Wegesrand stehen alte Loren und Werkzeuge. Dieses Ambiente verbreitet eine fast schon mystische Atmosphäre. Der Zaun um das alte Werk ist aus Ästen gearbeitet. Ein Steinkopf ziert den Eingang zum Gebäude. Das Steinbruchgewerbe im Sächsischen Elbsandsteingebirge ist schon sehr alt, und den architektonischen Glanz von Dresden hätte es wohl nicht gegeben, wenn nicht Generationen von Steinbrechern in den Brüchen unter unmenschlichen Bedingungen gearbeitet hätten. Dabei wurden diese von Berg- und Landesherren schamlos ausgenutzt. Über den Verdienst der Steinbrecher sagte man, sie seien zwar steinreich, aber geld-

arm. Die Aufarbeitung der umfangreichen Steinmassen nahm mitunter Jahre in Anspruch. Die Steine wurden in der im Steinbruch vorhandenen Steinsäge weiterverarbeitet (weitere Infos dazu unter www.steinbruchfuehrungen.de).

Stimmungsvolle Momente Diese hat die Wanderung zweifellos zu bieten. Gerade im Abendlicht ist der Blick von der Wilkeaussicht hinunter zur Elbe ganz besonders faszinierend: Die Häuser von Stadt Wehlen leuchten im letzten Abendlicht, und im Panoramarestaurant der Bastei gehen schon die ersten Lichter an, wenn das Candle-Light-Dinner serviert wird. Von den Wiesen vor Dorf Wehlen schweift der Blick erneut hinunter zur Elbe, mit der Bastei im Hintergrund. Weiter rechts, auf der anderen Elbseite, sind der Große Bärenstein und der Rauenstein ganz nah; beide Berge zählen zu den eher unbekannteren in dieser Region. Daneben steht die Festung Königstein wie eine uneinnehmbare Trutzburg. Als Kontrast sieht man nach Westen hin die Hochhäuser von Pirna, die man bei flüchtiger Betrachtung auch mit Sandsteinfelsen verwechseln könnte. Ein wirklich ungewöhnliches Bild.

Mein Tipp für den Tourenausklang

In der Miniatur-Parkanlage Kleine Sächsische Schweiz in Dorf Wehlen kann man die Ausflugsziele und Sehenswürdigkeiten in Miniatur besichtigen. Die Parkfläche ist über 8000 m² groß und bietet einen informativen Überblick. Folgen Sie hierzu vor Dorf Wehlen den entsprechenden Wegweisern bis zum Park (weitere Infos unter www.kleine-saechsische-schweiz.de).

Sitzen und genießen:
Blick von der Wilke-
aussicht auf Stadt
Wehlen

Hinauf zur Wilkeaussicht Bahnfahrer laufen vom Bahnhof aus mit den Wegweisern zur Fähre; hier ist auch der Parkplatz für alle Autofahrer, die ostseitig über Stadt Wehlen/Pötzscha linkselbisch angereist sind. Dann geht es mit der Fähre auf die rechtselbische Seite, wo sich der Parkplatz für all die Autofahrer befindet, die über Dorf Wehlen angereist sind.

Wir gehen zum Marktplatz, wenden uns dort in westliche Richtung und folgen dem Schild »Wilkeaussicht« durch die Gassen des Ortes. Dann geht's mit dem Schild

»Pirna« in die Pirnaer Straße und entlang der Elbe. Nach dem Ort folgen wir dann rechts dem Wegweiser »Wilkeaussicht« in Kehren steil bergauf. Die Wilkebach-Brücke wird überquert, dann nimmt man die letzten Stufen unter den Sandsteinfelsen und steigt hinauf zur Wilkeaussicht (220 m).

Über den Steinbruch nach Dorf Wehlen Nun ignorieren wir das Schild »Dorf Wehlen« rechter Hand und wandern an der Hangkante hoch über der Elbe weiter. Die Schwedenhöhlen werden passiert. Bleiben Sie dabei bitte auf dem mit dem Steinbruch-Zeichen gekennzeichneten Weg über der Höhle, da sonst Absturzgefahr besteht! Die Steinbruch-Zeichen leiten uns mit der entsprechenden Pfeilrichtung in den verfallenen Steinbruch. Hier kann man sich auf interessanten Schautafeln über die Geschichte des Steinbruchs informieren.

Nun gehen wir zunächst an der Hangkante oberhalb der Elbe weiter und folgen den Steinbruch-Zeichen. Dann ist etwas Gespür für den Weg wichtig: An einem Stein mit der Zahl »37« führt eine alte Steintreppe zum breiten Schotterweg, der im Steinbruch endet. In der Gegenrichtung weist ein Schild »Zum Wanderweg«, das Ihnen als weitere Orientierung dienen soll. So folgt man also dem breiten Schotterweg linker Hand leicht bergan in eine Birkenallee. An einem Rastplatz mit dem Schild »Panoramablick« nimmt man den rechten Weg und erreicht über weite Wiesen und Felder den Ortseingang von Dorf Wehlen (245 m). Hier folgt man rechter Hand dem Wiesenweg mit dem Wegweiser »Wilkeaussicht« und gelangt auf dem Weg durch den Wald zum bekannten Aussichtspunkt zurück. Die restliche Wegstrecke zurück nach Stadt Wehlen entspricht dem bereits bekannten Hinweg.

Beliebte Schönheit über der Elbe

Über Amselgrund und Schwedenlöcher zur Bastei

Mittel   230 Hm   2 Std.   6,7 km

Tourencharakter
Wanderung auf gut befestigten Wegen, an den Schwedenlöchern steigähnlich mit Stufen

Ausgangs-/Endpunkt
Bahnhof (115 m) und Parkplatz im Kurort Rathen (jeweils linkselbisch)

Höchster Punkt
Bastei (305 m)

Anfahrt
A 17 bis Ausfahrt Pirna, dann B 172 nach Rathen
Bus & Bahn: S1 ab Dresden Richtung Schöna oder Bad Schandau bis Kurort Rathen

Gehzeiten
Rathen – Amselfall 30 Min. – über die Schwedenlöcher zum Berghotel-Panoramarestaurant Bastei 45 Min. – über die Basteibrücke nach Rathen 45 Min.

Beste Jahreszeit
April bis Oktober

Einkehr
Amselfallbaude, nach Steinschlag bis auf Weiteres geschlossen; mehrere Gasthöfe und Cafés auf der Bastei und im Kurort Rathen

Karte
Landesvermessungsamt Sachsen, Blatt Sächsische Schweiz/Pirna/Königstein, 1:25 000

Tourismus-Info
Kurort-Rathen
Telefon: 035024/704 22
Website: www.kurort-rathen.de

Wichtiger Hinweis
Wegen Felssicherungsarbeiten konnte der Zugang zur Amselfallbaude zum Zeitpunkt der Drucklegung nicht geklärt werden.

Die Bastei ist das Markenzeichen der Sächsischen Schweiz. Spektakulär spannt sich die Basteibrücke über den Sandstein. Der Amselgrund und die Schwedenlöcher sind weitere Highlights dieser Wanderung.

Rathen, Amselgrund und Amselsee Die Bastei hoch über der Elbe ist ein bekanntes Ausflugsziel – überall in der Sächsischen Schweiz findet man Bilder von der berühmten Basteibrücke. Viele der schönen Motive sind im letzten Sonnenlicht aufgenommen, manche dazu noch mit einem herbstlichen Nebelmeer.

Schon die Fahrt über die Elbe mit der denkmalgeschützten Gierseilfähre hinüber zum Kurort Rathen ist ein Erlebnis. Aus vielen Orten an der Elbe kann man direkt mit dem romantischen Schaufelraddampfer hierherkommen, wie etwa aus Bad Schandau, Pirna oder Königstein.

In Rathen geht man vorbei an mondänen Hotels und Fachwerkhäusern, entlang der Elbe und durch schöne Gassen. Man achtet hier auf Details, wie z. B. nett eingerichtete Souvenirläden oder liebliche Gärten mit Objekten aus der Sächsischen Schweiz. Da grüßt schon mal ein Gartenzwerg von der Basteibrücke über den Zaun eines Anwesens am Berghang. Die Fenster der alten Fachwerkhäuser sind von Vorhängen eingerahmt, die an Omas Zeiten erinnern – ein wirklich heimeliges Ambiente, für das man sich etwas Zeit nehmen sollte, wie auch für die ganze Tour mit ihren vielen interessanten Stationen.

Am Amselsee liegen dann die Ruderboote für eine beschauliche Fahrt über den See bereit. Lustige Namen tragen sie, wie z. B. »Fritzi«. Der See wird von den Felsen des Talwächters und der Lokomotive überragt und bildet so eine romantische Kulisse. Nun ist es auch nicht mehr weit zum Amselfall mit seiner Baude, die direkt an dem stimmungsvollen Wasserfall liegt. Hungrige können hier schon einkehren.

Schwedenlöcher und die Bastei Über die Felsenschlüchte der Schwedenlöcher geht es dann steil bergauf. Sie tragen ihren Namen seit dem Dreißigjährigen Krieg, denn am 3. August 1639 wurde der Ort Rathewalde ein Opfer der schwedischen Truppen und komplett zerstört. So brachten die Bauern ihr Hab und Gut in diese Schlucht, die damals noch »Blanker Grund« hieß. Durch die Erosion des Sandsteins wurden diese eindrucksvollen Felsformationen geschaffen. Stege und Stufen führen steil hinauf.

Der Blick schlechthin: Basteifelsen mit Elbschleife und Lilienstein

Oben angelangt, warten schon die ersten Aussichtspunkte, und nun ist es auch nicht mehr weit bis zur Bastei. Im Panoramarestaurant sitzt man quasi über der Elbe. Manch ein Gast überlegt wohl, ob er bei diesem Blick durch die bis zum Boden reichenden Scheiben allein schon beim Essen schwindelfrei sein sollte – wie auch im Folgenden, denn beim Abstieg blickt man von vielen spektakulären Aussichtspunkten tief hinunter zur Elbe und hinüber zur Kleinen Gans. Wer davon noch nicht genug hat, kann auf der Neurathener Felsenbühne einen aufregenden Panoramaweg über Stege und Stufen begehen, von Felsen zu Felsen. Da heißt es Platz schaffen auf der Digitalkamera für viele spektakuläre Aufnahmen.

Die Bastei-Rundwanderung Bahnfahrer gehen hinunter zur Fähre an der Elbe; hier ist auch am Parkplatz der Ausgangspunkt für Autofahrer. Nach der Überfahrt mit der Fähre folgt man in Rathen den Wegweisern »Schwedenlöcher«, »Amselsee« und »Amselfall«. Den Amselsee selbst kann man auch auf der anderen Seite umrunden. Über den Amselgrund machen wir einen Abstecher hinauf zum Amselfall mit seiner Nationalpark-Infostelle und dem einladenden Gasthaus der Amselfallbaude. Bitte beachten Sie hier eventuelle Änderungen in der Wegführung, da die Amselfallbaude nach einem Steinschlag 2019 bis auf Weiteres nicht mehr geöffnet ist.

Nun geht es auf dem Hinweg ein kurzes Stück bergab, dann wandert man gleich an der nächsten Weggabelung über den Bach. Jetzt geht es über viele Stufen hinauf, vorbei an den Schlüchten der Schwedenlöcher (zum Zeitpunkt der Begehung stand hier kein Schild).

Auf der Anhöhe mit einem überdachten Brotzeitplatz folgt man dem Wegweiser »Pavillon-Aussicht« zum ersten Aussichtspunkt, bevor man dem Weg weiter Richtung »Bastei-Aussicht« folgt. So gelangt man auf einen breiten Schotterweg, dem man linker Hand mit dem letzten Wegweiser folgt. Nun geht es an der nächsten

Mein Einkehr-Tipp

Die Bastei und ein Besuch im Panoramarestaurant sind auch für Langschläfer lohnende Ziele. Abends ist das Gebiet ruhig und beschaulich, und ein Abendessen am Panoramafenster, 194 m über der Elbe mit Sonnenuntergang und herrlichem Blick, ist ein krönender Abschluss. Natürlich kann man im Berghotel auch übernachten und von dort mit der Erkundung der Region beginnen (www.bastei-berghotel.de).

Puppenkiste zum Verlieben: Kurort Rathen

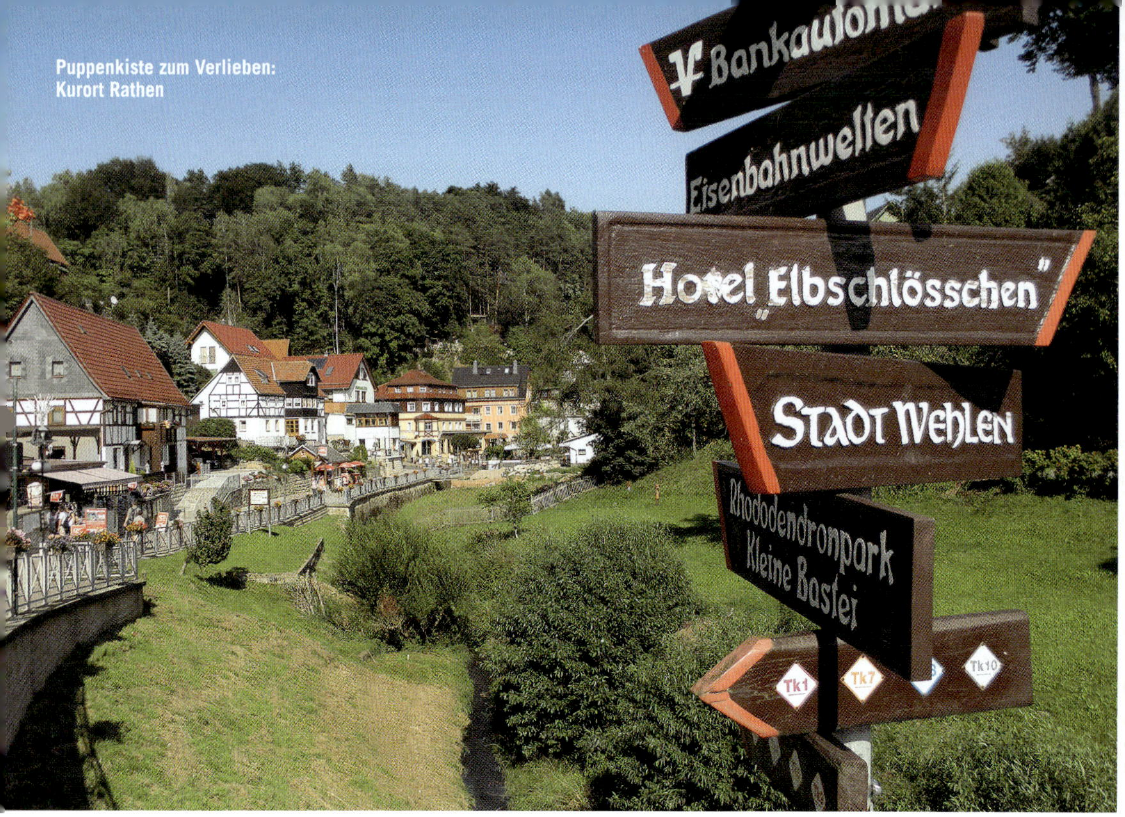

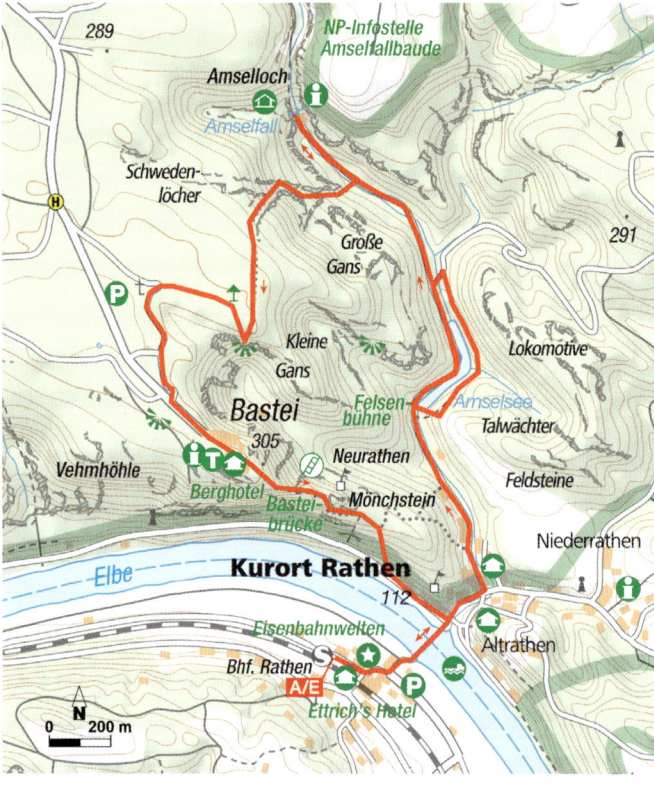

Weggabelung linker Hand weiter, dann ist es auch nicht mehr weit bis zum Berghotel und Panoramarestaurant an der Bastei (305 m).

Dort wandert man dann mit den Wegweisern »Basteibrücke«, »Rathen« und »Felsenburg« bergab, vorbei an einigen Aussichtspunkten, über die Basteibrücke und zur Neurathener Felsenburg. Weiter bergab folgt man den Wegweisern in Richtung »Rathen«. An einer Weggabelung im Wald ignorieren wir den Wegweiser »Felsenbühne Amselsee« linker Hand und folgen geradeaus dem Wegweiser »Rathen« weiter bergab.

In Rathen geht es dann auf dem bekannten Hinweg zurück zu den Ausgangspunkten am Parkplatz oder am Bahnhof. In beiden Fällen ist auch wieder die Überfahrt mit der Fähre notwendig.

Grünes Stillleben: der Amselfall

3 Tafelberg mit Elbpanorama

Auf den Lilienstein über der Elbschleife

Mittel-schwer   270 Hm   2.30 Std.   4,3 km

Tourencharakter
Wanderung auf breiten Schotter-
und Wanderwegen, in Gipfelnähe
Westpfeiler über Eisenstufen, sonst
Kategorie rot

Ausgangs-/Endpunkt
Bahnhof Königstein (126 m) bzw.
Parkplatz »Königstein« oder Fähr-
anleger Halbestadt (126 m).

Höchster Punkt
Lilienstein (415m)

Anfahrt
A 17 bis Ausfahrt Pirna und nach
Königstein, dort vor dem Kreisver-
kehr links durch das Viadukt und
zu den Parkplätzen an der Elbe in
Bahnhofsnähe, von dort mit der
Fähre nach Halbestadt
Bus & Bahn: S-Bahn S1 Richtung
Bad Schandau oder Schöna bis Kö-
nigstein und weiter mit der Fähre
nach Halbestadt

Gehzeiten
Königstein – Lilienstein 1.15 Std. –
Königstein 1.15 Std.

Beste Jahreszeit
April bis Oktober

Einkehr
Berggaststätte Lilienstein

Karte
Landesvermessungsamt Sachsen,
Blatt Sächsische Schweiz/Pirna/Kö-
nigstein, 1:25 000

Tourismus-Info
Königstein
Telefon: 035021/68 261
Website:
www.koenigstein-sachsen.de

Der Lilienstein ist der einzige rechtselbische Tafelberg. Gleichzeitig dürfte er auch die schönste Aussicht haben, denn rund um ihn herum fließt die Elbe. Noch heute erinnert ein Obelisk dort oben an August den Starken.

Ausblicke vom Lilienstein Was für ein Ausblick, den der Lilienstein bietet! Auf seinen nördlichen Felspfeiler gelangt man über abenteuerliche Eisentreppen und über eine Brücke. Von oben blicken wir dann nach Rathen zur Bastei, und ganz im Norden kann man schon Pirna erkennen. Nach Westen hin genießt man luftige Tiefblicke auf Königstein, während die gleichnamige Burg uns quasi gegenüber liegt. Im Süden grüßt Bad Schandau romantisch durchs Elbtal herüber, und ein Stück weiter elbaufwärts imponieren die schroffen Schrammsteine. Eher sanft erhebt sich dahinter die etwas höhere Waldkuppe des Winterbergs.
Neben dem tollen Panorama gibt es hier oben auch noch eine Einkehrmöglichkeit mit einem schönen Gastgarten – klar, dass dieser Berg zu den beliebten Ausflugszielen in der Sächsischen Schweiz zählt.

Die Geschichte des Liliensteins Touristisch erschlossen wurde der Berg im 19. Jahrhundert; die Bergwirtschaft, damals klein und beschaulich, öffnete ihre Pforten im Jahr 1873. Teilweise stammen die Stufen des beschriebenen Anstiegs von Süden bereits aus dem Jahr 1708. Der damalige Baudenwirt Bergmann erbaute dann den Nordanstieg um 1900. Eine Materialseilbahn führt hier herauf, um die Hütte mit Lebensmitteln und anderen wichtigen Dingen zu versorgen. Da kann man nur froh sein, dass Pläne einer Bergbahn gegen Ende des 20. Jahrhunderts nie umgesetzt wurden – genauso wenig wie die an der Bastei. So ist der Lilienstein auch weiterhin den Wanderern vorbehalten. Dass heute hier am Lilienstein wieder Wanderfalken leben, ist einem besonderen Projekt zu verdanken – bis in das Jahr 1996 wurden hier 69 Jungfalken ausgewildert. Hierzu wurde ein Auswilderungskäfig an den unzugänglichen Wänden der Ostseite des Liliensteins installiert. Das Projekt wurde durch das Aussterben dieser Greifvögel am Lilienstein begründet, denn um 1970 war dort kein einziger Wanderfalke mehr zu finden.
Die Westseite des Liliensteins ist den Kletterern vorbehalten. Das beliebte Klettergebiet erreicht man durch lange und durchaus exponierte An-

stiege. So hat der Lilienstein drei reine Klettergipfel zu bieten: den Liliensteinwächter, die Liliensteinnadel und den »Heini«.

Rundwanderung zum Lilienstein Autofahrer starten bei den Parkplätzen an der Bahnlinie und gehen entlang der Elbe zur Fähre; Bahnfahrer gehen vom S-Bahnhof »Königstein« dorthin. Mit der Fähre setzen wir über nach Halbestadt. Dort geht es zunächst auf dem geteerten Radweg ein kurzes Stück nach links, dann nehmen wir die Straße rechter Hand mit dem Wegweiser »Lilienstein«. In der Folge führt der gepflasterte Weg steil bergauf.

An der nächsten Wegkreuzung halten wir uns links, gehen weiter steil bergauf und gelangen so nach einer Rechtskurve auf freie Wiesen und Felder mit dem ersten Blick auf den Lilienstein. An einer Straße gehen wir kurz links zum Panoramahotel Lilienstein und folgen dort rechter Hand dem Feldweg leicht bergan bis zum Fuß des Liliensteins am Waldrand. Hier nehmen wir nun den Südaufstieg steil bergan durch den Wald. Dann steigt man über die Eisentreppen hinauf zum Gipfelplateau (415 m).

Linker Hand geht es über weitere Eisentreppen und eine Brücke auf den Westpfeiler (411 m) des Tafelbergs – etwas luftig sind die Ausblicke von hier oben schon. Nehmen wir diesen Weg wieder zurück, gelangen wir zur Gaststätte, von der aus wir über einen Weg mit vielen Aussichtspunkten am West- und Südrand des Berges in südlicher Richtung weiterwandern.

Nachdem wir diese aussichtsreiche Runde passiert haben, geht es mit dem Wegweiser »Nordabstieg« über die Eisentreppen steil bergab. Dann nehmen wir die Obere

Mein Tipp für den Tourenausklang

In Königstein bietet sich noch die Besichtigung der gleichnamigen Festung mit ihrer Ausstellung zur Geschichte Königsteins an. Die Bergfestung zählt architektonisch und historisch zu den interessantesten ihrer Art in Europa. Zu Fuß ist der Weg dorthin bei Tour 26 beschrieben; ebenso bietet sich die Auffahrt mit dem Sächsisch-Böhmischen Nationalparkexpress an (und natürlich auch die Abfahrt).

Kirchleite rechter Hand und folgen dem Wegweiser »Königstein, Halbestadt«. An der nächsten Weggabelung, noch im Wald, geht es linker Hand über den Kirchweg wieder hinunter nach Halbestadt.

Die restliche Wegstrecke entspricht der Aufstiegsroute. Genauso geht es dann auch mit der Fähre wieder zurück nach Königstein. Auto- und Bahnfahrer gelangen so zurück zu ihren Ausgangspunkten.

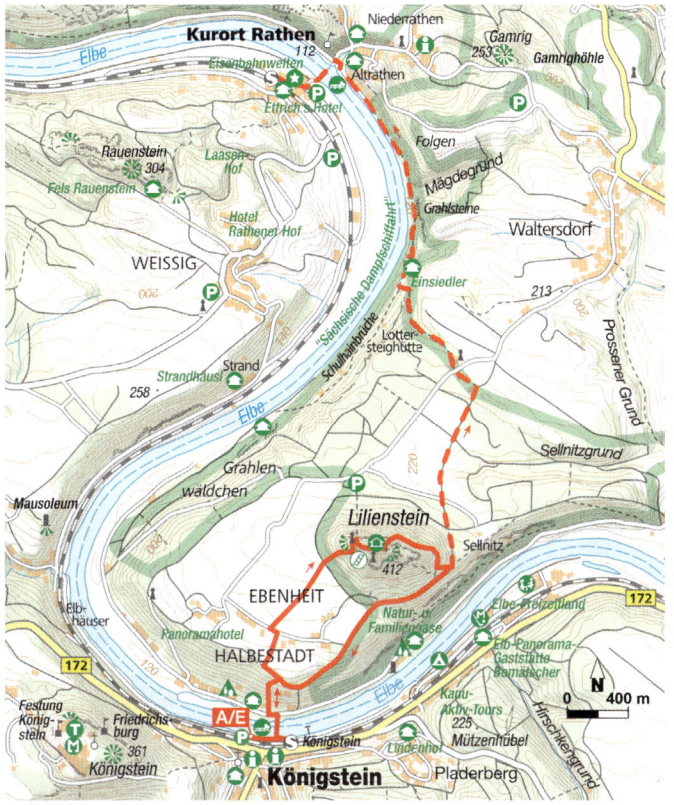

Grandiose Felsen am Lilienstein

Variante entlang der Elbe Wer noch etwas weiterwandern möchte, dem bietet sich eine schöne Alternative: Dazu geht man nach dem Nordabstieg vom Lilienstein nicht rechter Hand in die Obere Kirchleite, sondern wendet sich nach links in Richtung »Waltersdorf«, vorbei am Waldfriedhof. Bei den folgenden Wegkreuzungen wandert man jeweils weiter geradeaus und gelangt so zur Fahrstraße von Waltersdorf nach Ebenheit. Diese überquert man und läuft in der Folge über den Lottersteig hinunter zur Elbe; dort geht's rechter Hand flussaufwärts zurück nach Rathen. Dieser Wegabschnitt ist wohl einer der beschaulichsten entlang der Elbe.

Zurück zum Ausgangspunkt geht es dann für alle mit der alten Gierseilfähre über die Elbe und weiter zum Bahnhof Kurort Rathen. Bahnfahrer können dann direkt in den Zug steigen, um zu ihrem Ausgangsort zurückzufahren, und die Autofahrer fahren ebenfalls mit der Bahn zurück nach Königstein (in Richtung Bad Schandau/Schöna). In Königstein ist es entlang der Elbe dann nicht mehr weit bis zu den Parkplätzen.

Mystische Grotte im Sandstein

Von Burg Hohnstein zur Gautschgrotte

Leicht   120 Hm   1.30 Std.   4,2 km

Tourencharakter
Wanderung auf breiten Schotter-
und Wanderwegen

Ausgangs-/Endpunkt
Bushaltestelle »Hohnstein-Markt«
bzw. Parkplatz »Hohnstein-Markt«
(226 m).

Höchster Punkt
Hohnstein-Markt (226 m)

Anfahrt
A 17 bis Ausfahrt Pirna und über
Lohmen nach Hohnstein
Bus & Bahn: S1 ab Dresden Rich-
tung Schöna oder Bad Schandau
bis Pirna und weiter mit Bus 237
Richtung Sebnitz bis »Hohn-
stein-Markt«

Gehzeiten
Hohnstein – Gautschgrotte 30 Min.
– Hohnstein 1 Std.

Beste Jahreszeit
April bis Oktober, bei Schnee- und
Eisfreiheit auch ganzjährig

Einkehr
Unterwegs keine; mehrere Gasthöfe
in Hohnstein

Karte
Landesvermessungsamt Sachsen,
Blatt Sächsische Schweiz/Pirna/Kö-
nigstein, 1:25 000

Tourismus-Info
Hohnstein
Telefon: 035975/868 13
Website: www.hohnstein.de

Das gemütliche Hohnstein mit seiner markanten Burg ist der Ausgangspunkt der Rundwanderung hoch über dem Tal der Polenz. Alte Kiefern und Zedern am Wegesrand begleiten unseren Weg zur Gautschgrotte.

Hohnstein und seine Burg Der Ort fand erstmals seine Erwähnung im Zusammenhang mit der schon früher erbauten Burg Hohnstein. Etwa 1444 erhielt der Ort das Stadtrecht. Bei einem verheerenden Brand im Jahr 1724 brannte die Hälfte der Häuser nieder. 1724–1728 wurde die Stadtkirche wiedererrichtet. 1850 bereits notiert der Ort seine ersten Touristen, und 1897 wurde zur besseren Erschließung die Schwarzbachbahn, eine Schmalspurbahn, erbaut. Heute ist's kaum vorstellbar, wie sich die Bahn

Eine eigene Welt: am Felsenportal der Gautschgrotte

einst durch die engen Täler schlängelte. Jedoch: Der Fremdenverkehr hat auch nach Einstellung dieser liebenswerten Bahn weiter an Bedeutung für den Ort gewonnen. Hoch über dem romantischen Polenztal und dem Städtchen Hohnstein steht die Burg spektakulär auf einem Felsensporn. 1353 erstmals urkundlich erwähnt, hat sie eine sehr wechselvolle Geschichte hinter sich; 1933 war hier z. B. eines der frühen

Kinder werden hier kreativ: Steinkreatur an der Gautschgrotte.

Konzentrationslager der Nationalsozialisten untergebracht – über 5000 Menschen waren zu dieser Zeit auf der Burg inhaftiert. Im Museum (zwischen April und Oktober täglich geöffnet) erfährt man viel über die Geschichte der Burg und der Stadt Hohnstein, und in der benachbarten Naturkundeausstellung gibt es Informationen zu Lachsen und Fledermäusen. Der Aussichtsturm bietet einen weiten Blick über die Vordere Sächsische Schweiz (weitere Infos unter www.burg-hohnstein.info).

Polenz, Gautschgrotte und Lehrpfad Von der Burg Hohnstein schweift der Blick über das Polenztal und den gleichnamigen Fluss. Dieser entspringt an der deutsch-tschechischen Landesgrenze unweit der Orte Langburkersdorf und Neudörfel – aus insgesamt neun Quellen, die sich größtenteils hier schon auf deutschem Gebiet befinden. In Nähe der Burg Hohnstein wechselt das Tal seinen Charakter: Es mündet in einen Canyon mit steilen Wänden aus Sandstein. An dessen Ende vereinigt sich die Polenz nach über 31 Kilometern Länge mit den Gewässern der Sebnitz und des Lachsbachs. Die Polenz bildet an ihrem Oberlauf die natürliche Grenze zwischen der Sächsischen Schweiz und dem Hohwald.

Nahezu mystisch mutet die Gautschgrotte in den Abbrüchen der Sandsteinwände an. Kinder haben hier kleine Steinmännchen errichtet, die die Aura des Ortes noch

Mein Winter-Tipp

In sehr kalten Wintern zaubert die Gautschgrotte ihr ganz eigenes Märchen: Durch das von den Felsrändern hinabrinnende Wasser entstehen interessante Eisgebilde. Dann kann auch eine riesige beeindruckende Tropfeissäule entstehen. Das war zuletzt in den Jahren 1997 und 2012 der Fall. Nehmen Sie also in der kalten Jahreszeit unbedingt Ihre Kamera mit auf diese Wanderung.

weiter unterstreichen. Eine kleine Steintreppe auf der rechten Seite der Grotte führt zu einem Felsband, auf dem man die Grotte überqueren kann. Alte Kiefern und Fichten tauchen diesen Ort in ein dunkles Licht, und so ist es auch an heißen Tagen unter den moos- und farnbehangenen Felswänden noch angenehm kühl – genau der richtige Ort für ein Picknick. Hinter einem erheben sich Felswände aus Sandstein mit einer Höhe von knapp 20 Metern. Die Grotte liegt etwas versteckt in der Nähe unseres Wanderweges, Wegweiser leiten uns dorthin.

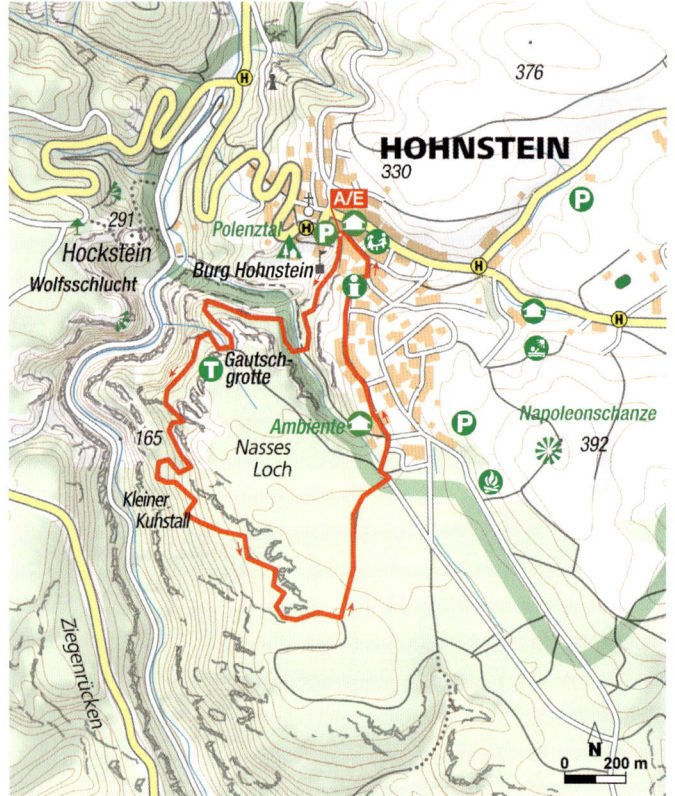

Der Lehrpfad Hohnstein führt uns auf unserer Wanderung vom Ort Hohnstein über den Hängen der Polenz zur Gautschgrotte und weiter in südlicher Richtung. Informationstafeln berichten über die geologischen Besonderheiten der Region und der Sächsischen Schweiz.

Die Wanderung zur Gautschgrotte

Von der Bushaltestelle »Hohnstein-Markt« gehen wir wenige Meter an der Hauptstraße entlang hinauf zum Marktplatz, dem Ausgangspunkt für alle. Vor oder nach der Tour lohnt sich hier noch ein Abstecher zur Burg Hohnstein – bitte beachten Sie dazu unbedingt die im oberen Abschnitt angegebenen Öffnungszeiten der Burg, außerhalb dieser sind nur die Außenanlagen zu besichtigen.

Vom Marktplatz folgt man dann dem Wegweiser »Gautschgrotte, Polenztal« hinunter durch die Rathausstraße. Dann geht es rechter Hand wieder mit dem gleichen Wegweiser über die Straße Bärengarten. Das Schild »Lehrpfad Polenztal« führt uns nun in den Wald, bis es dann linker Hand zur Gautschgrotte geht.

Von dort wandern wir wieder zurück auf den Hauptweg, dem wir nun weiter in südlicher Richtung folgen. In Kehren geht es hoch über der Polenz durch die Waldhänge. An einer Weggabelung ignorieren wir rechts den Wegweiser »Rundweg Räumichtwiese« und gehen hier links Richtung »Hohnstein«. An der nächsten Wegkreuzung laufen wir ohne Beschilderung geradeaus weiter.

So gelangen wir an den Ortsrand von Hohnstein. Durch die Waldstraße kommen wir am Parkhotel Ambiente vorbei und folgen weiter der Waldstraße geradeaus. Dann laufen wir über die Straße Am Breiten Stein und nehmen den Fußweg geradeaus bergab bis zum Gasthaus Stern. Hier wenden wir uns links der Rathausstraße zu und gelangen über sie wieder zu unseren Ausgangspunkten zurück.

Traumblick über dem Polenztal

Vom Tiefen Grund zur Brandbaude

Mittel 190 Hm 2.30 + ½ Std. 7,0 km

Tourencharakter
Wanderung auf breiten Schotter- und Wanderwegen, Steig nach Brand

Ausgangs-/Endpunkt
Bahnhof Porschdorf (130 m), Bushaltestelle »Wanderweg Polenztal« 135 m oder Wanderparkplatz am Ortsende von Porschdorf (135 m).

Höchster Punkt
Brand (317 m)

Anfahrt
A 17 bis Ausfahrt Pirna, über Königstein nach Bad Schandau und von dort über Hohnstein bis nach Porschdorf
Bus & Bahn: S1 ab Dresden Richtung Schöna oder Bad Schandau bis Bad Schandau und weiter mit dem Zug Richtung Dolní Poustevna bis Porschdorf.

Gehzeiten
Wanderparkplatz Porschdorf – Brand 1 Std. – Waltersdorfer Mühle 45 Min. – Wanderparkplatz Porschdorf 45 Min. (vom/zum Bahnhof Porschdorf zusätzlich 30 Min.)

Beste Jahreszeit
April bis Oktober, bei Schnee- und Eisfreiheit auch ganzjährig

Einkehr
Bergbaude Brand; Waltersdorfer Mühle

Karte
Landesvermessungsamt Sachsen, Blatt Sächsische Schweiz/Pirna/Königstein, 1:25 000

Tourismus-Info
Hohnstein
Telefon: 035975/868 13
Website: www.hohnstein.de

Kaum einen der bekannten Berge der Sächsischen Schweiz zwischen Zirkelstein und Bastei lässt der Blick von der Brandbaude aus. Stimmungsvoll geht es dann an den Ufern der Polenz wieder zurück.

Brandbaude und Polenztal Das Ziel unserer heutigen Tour bietet einen einzigartigen Ausblick auf die Prominenz der Sächsischen Schweiz: Quasi vom Ostbalkon der Sandsteinfelsen schweift der Blick von links nach rechts über die bekannten Berge der Region – angefangen beim Felsenzirkus der Schrammsteine, gefolgt vom Felsplateau des Zirkelsteins, weiter mit der Kaiserkrone, dem Papststein und dem Gohrisch sowie dem Pfaffenstein, bis ganz rechts im Norden die Bastei auftaucht. Ja, man sieht von hier sogar den Kurort Rathen und die Elbe!

Idylle aus alten Zeiten: die Waltersdorfer Mühle im Tal der Polenz

Dieses Panorama verdient eine kulinarische Untermalung: In der Bergbaude Brand gibt's neben heimischer Küche auch einige vegetarische Gerichte. Alle, die auf Etappenwanderungen unterwegs sind, können hier oben auch übernachten.
Gemütlich mäandert der Fluss durch das Tal; kleine Inseln lockern das Landschaftsbild auf, und Pappeln begleiten den Fluss, ebenso Eschen und alte Birken. Von den Sandsteinfelsen oberhalb grüßen kleine bonsai-

artige Kiefern herab. Das Sonnenlicht bricht sich im Blätterdach des Waldes und sorgt auch an heißen Tagen im Sommer für angenehme Temperaturen. An den Ufern der Polenz kann man da und dort seine Füße ins Wasser halten, und Sie können sich sicher sein: Diesen Ort werden Sie für sich allein haben.

Waltersdorfer Mühle und ein alter Bahnhof Von der Ferne mag man es kaum glauben, dass dieses Haus bewirtschaftet ist, doch ein Schild verweist beharrlich auf diesen Ort. Vom Kiosk im Gastgarten grüßt freundlich ein Mann heraus: »Ich habe heute geöffnet.« Ich entgegne: »Aber heute ist doch Ruhetag, es ist Montag.« Die Antwort folgt auf dem Fuß: »Heute habe ich eben auf.« Auf den Tischen liegen bunte Plastikdecken, geschmückt mit Blumen der umliegenden Bachwiesen. Ein wirklich beschaulicher Ort, der den einstigen, schon fast vergessenen Ost-Charme wieder zurückbringt – wahrlich ein idyllisches Kleinod.

Kaum zu glauben ist es auch, dass durch dieses enge Tal nicht nur ein Zug fährt, sondern auch noch dort hält. Vor dem Bahnhofsgebäude steht jetzt ein Schild »Ferienwohnung zu vermieten«. Leise rattert der Schienenbus auf dem Weg vom tschechischen Decin wieder in das tschechische Rumburk und dabei ein kurzes Stück durch den deutschen Korridor über Bad Schandau – Eisenbahnromantik pur. Alle Bahnfans dürften daran ihre helle Freude haben. Dann heißt es aber, die Tour auf

Meine Wandervariante

Wer mit öffentlichen Verkehrsmitteln unterwegs ist, kann nach dem Schulzengrund über den Neuweg wieder Richtung Hohnstein aufsteigen. Von dort geht es weiter über die sehenswerte Gautschgrotte nach Hohnstein (s. Tour 4 in Gegenrichtung), wo man mit Bus 237 nach Sebnitz oder Pirna fahren kann. Natürlich sollte man zuvor der Burg Hohnstein noch einen Besuch abstatten.

Oben: Gutes Essen und eine schöne Aussicht gibt's bei der Brandbaude.

Rechte Seite:
Baum-gebilde auf dem
Weg von Brand zum
Polenztal

den Fahrplan abzustimmen, denn der Zug fährt nur alle zwei Stunden. Aber mal ehrlich, ein Stundentakt würde sich hier auch nicht lohnen.

Der Aufstieg zur Brandbaude Vom Bahnhof in Porschdorf folgen die Bahnfahrer dem Wegweiser »Polenztalweg« nach links auf einer Nebenstraße. Den Wegweiser zur Ochelbaude linker Hand ignoriert man dabei. An der Hauptstraße nach Hohnstein angelangt, geht man rechts ein kurzes Stück weiter und schwenkt dann linker Hand auf den Wanderparkplatz, wiederum mit dem Wegweiser »Polenztal«. Busfahrer können hierher zur Haltestelle »Wanderweg Polenztal« mit dem Sächsisch-Böhmischen Nationalparkexpress fahren.

Am Wanderparkplatz, dem Ausgangspunkt auch für alle Autofahrer, geht man nun rechter Hand mit dem Wegweiser »Tiefer Grund, Brand« entlang des Bachs. Wir gelangen so im Auf und Ab zur Bushaltestelle »Wanderweg Brand«, die ebenso mit dem Sächsisch-Böhmischen Nationalparkexpress zu erreichen ist. Nun zieht der Weg in Kehren und über Stufen steil hinauf durch die Sandsteinfelsen zur Brandbaude (317 m). Zuvor lohnt noch ein Abstecher zu den Felstürmen der Hafersäcke, die über dem Tiefen Grund thronen.

Durch den Schulzengrund ins Polenztal Von der Brandbaude wenden wir uns mit dem Wegweiser »Schulzengrund« dem breiten Schotterweg zu. Genau dieser Wegweiser zeigt nach ca. 200 Metern nach links, dem wir folgen, und durch ein Seitental, gesäumt von Sandsteinfelsen zu beiden Seiten, geht es nun wieder hinunter ins Tal der Polenz.

Hier wenden wir uns flussabwärts dem Wanderweg zu und laufen über eine Steinbrücke auf die andere Bachseite. Wer möchte, kann der Waltersdorfer Mühle noch einen Besuch abstatten, bevor man auf einem Wanderweg weiter flussabwärts wandert (Wegweiser »Polenztal«). Wieder wird eine Bachbrücke überquert, dann folgt man rechter Hand – jetzt mit dem Schild »Radroute im Nationalpark« – dem breiten Schotterweg zurück zu den Ausgangspunkten. Bitte achten Sie auf mögliche Änderungen in der Wegführung, die bis auf Weiteres gelten. Aktuell folgt man der Nebenstraße bis nach Porschdorf (Stand 11-2019).

Hintere Sächsische Schweiz

Wildnis aus Sandsteinfelsen und tiefen Wäldern mit schönen Aussichten: Das ist die Hintere Sächsische Schweiz, etwa am Hinteren Raubschloss (l. o.), auf dem Großen Pohlshorn (l. u.), am Weg zum Bad Schandauer Personenaufzug (r. o.) und am Aussichtsturm des Großen Winterberges (r. u.).

Aussichtsreiche Bad Schandauer Runde

Burg Schomberg, Kurpark und Personenaufzug

Mittel · 200 Hm · 2.15 Std. · 4,5 km

Tourencharakter
Wanderung über breite Schotter- und Wanderwege sowie über Steinstufen

Ausgangs-/Endpunkt
An der Fähre in Bad Schandau (116 m) mit Parkplatz am Elbkai

Höchster Punkt
Schlossberg (222 m)

Anfahrt
A 17 bis Ausfahrt Pirna, dann B 172 Richtung Bad Schandau bis zur Fähre am Elbkai
Bus & Bahn: S1 ab Dresden Richtung Schöna oder Bad Schandau bis Bad Schandau-Bahnhof und mit der Fähre nach Bad Schandau-Ort

Gehzeiten
Ab Elbufer/Bad Schandau – Schlossruine 30 Min. – Kurpark Bad Schandau 45 Min. – Personenaufzug 30 Min. – Fähranleger Bad Schandau 30 Min.

Beste Jahreszeit
April bis Oktober, bei Schnee- und Eisfreiheit auch ganzjährig

Einkehr
Sendigbaude am Personenaufzug; mehrere Gasthöfe in Bad Schandau

Karte
Landesvermessungsamt Sachsen, Blatt Sächsische Schweiz/Pirna/Königstein, 1:25 000

Tourismus-Info
Bad Schandau
Telefon: 035022/900 30
Website: www.bad-schandau.de

Aussichtsreiche Momente eröffnet die Tour über Bad Schandau. Die Schloßbastei und der Bad Schandauer Kurpark an der Kirnitzsch sind die Highlights, bevor man zu dem alten Personenaufzug aufsteigt.

Bad Schandau und das Hochwasser An der Elbe gelegen, ist der Ort bei Touristen beliebt, denn er ist Ausgangspunkt für viele Touren in der Sächsischen Schweiz. Vom Kurpark rattert die alte Straßenbahn durch das Kirnitzschtal zum Lichtenhainer Wasserfall, und an der Elbe legen die Fähre und die Dampfschiffe an, deren Pfeifen das Tal mit einer besonderen Elbromantik erfüllt. Vom Wasser aus gesehen bestimmen das Hotel Elbresidenz und die St.-Johannis-Kirche die Stadtsilhouette.
Immer wieder schwer getroffen wurde Bad Schandau durch das Hochwasser. Kaum vorstellbar sind die Angaben der an den Wohnhäusern angebrachten Hochwassermarken. Immer wieder mussten die Häuser von Schlamm und Dreck befreit und im Erd- und Kellergeschoss aufwendig saniert werden. Eine riesige Energieleistung, die die Bewohner von Bad

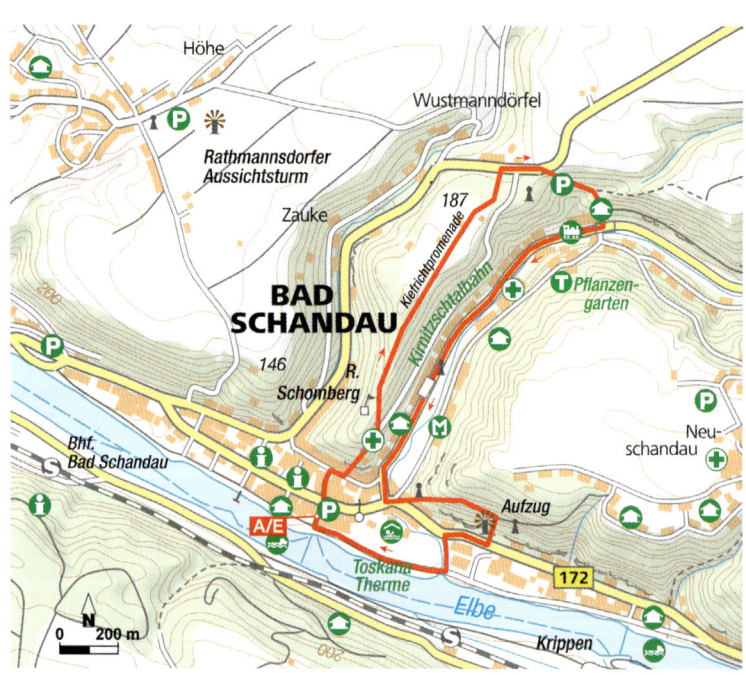

Schandau immer wieder erbringen mussten, um ihre liebenswerte Kneippkur-Stadt wieder herzurichten. Im August 2002 stand das Hochwasser z. B. 3,46 Meter hoch in der St.-Johannis-Kirche am Marktplatz, bei einem insgesamten Höchststand von 9,78 Metern. Im April 2006 erreichte es einen Höchststand von 6,78 Metern; letztmals wurde der Ort im Juni 2013 vom Hochwasser heimgesucht. Kreativ sind dann die Bewohner allemal: Auf dem Marktplatz werden Buden aufgestellt, in denen provisorisch viele Geschäfte wiederzufinden sind. Zusammenhalt ist hier das Motto bei den Elbhochwasser-Ereignissen.

Einfach am Wasser sitzen: die Elbe bei Bad Schandau mit Blick auf die Schrammsteine

Zur Burg Schomberg Vom Fähranleger geht es ein kurzes Stück an der Elbe entlang flussaufwärts. Dann biegt man linker Hand am Hotel Elbresidenz vorbei in die Königsteiner Straße, die zum Marktplatz führt. Dort geht man geradeaus in die Marktstraße und bis zu deren Ende. Das Schild »Schloßbastei, Burgruine« führt uns über die Stufen steil hinauf. Nach den Stufen folgt man rechter Hand wiederum dem Schild »Schloßbastei«; dann geht es weiter mit dem Wegweiser »Schlossruine, Kiefricht« hinauf bis zur Burg Schomberg (222 m). Vorher laden noch die Aussichtspunkte Zaukenhorn und Schloßbastei zu Tiefblicken auf Bad Schandau ein, die über die Zauckenpromenade erreichbar sind.

Der Höhenweg führt dann durch den Wald, und an seinem Ende erreichen wir eine Kleingartensiedlung, die wir geradeaus durchqueren. Abzweigungen linker und rechter Hand werden hier ignoriert. Am Ende der Kleingartensiedlung folgen wir dem Schild »Kirnitzschtal, Ostrau« zum Schillerdenkmal.

Nun schlängelt sich der Weg in Kehren bergab durch den Wald bis nach Bad Schandau, wo sich linker Hand noch ein Abzweig zum Botanischen Garten lohnt (s. Tippkasten). Wir folgen rechter Hand der Kirnitzschtalstraße entlang der Trambahngleise und erreichen so die Kirnitzschtal-Klinik. Nach der Klinik wandern wir entlang der Kirnitzsch durch den Kurpark bis zu seinem Ende an einem Brunnen. Hier wenden wir uns links und laufen in östlicher Richtung weiter.

Zum Personenaufzug Noch vor dem Hotel Lindenhof steigen wir über die Stufen hinauf Richtung »Ostrau, Luther-Denkmal«. Letzteres wird passiert. Der Weg führt weiter in Kehren bergauf, bis rechter Hand ein gelber Pfeil an einer Weggabelung uns den Weg zum Personenaufzug (164 m) weist (weitere Wegweiser standen hier zum Zeitpunkt der Begehung nicht). Auf einem nun auf gleicher Höhe verlaufenden Wanderweg erreichen wir den Personenaufzug.

Wohl eine besondere Attraktion dieser Tour ist der Personenaufzug, der noch heute das auf einem Höhenplateau gelegene Ostrau mit Bad Schandau verbindet. Weit schweift der Blick von der Brücke, die zum Aufzug führt, über die Elbe und Bad Schandau. Der Fachwerkturm aus Stahl misst 52,26 Meter und ist im Jugendstil gehalten. Der Aufzug selbst überwindet einen Höhenunterschied von 47,76 Metern. Oben am Ausstieg wird die Aussichtsplattform mit der Sendigbaude mittels einer Brücke über 27,80 Meter mit der Felswand verbunden. Der 1954 unter Denkmalschutz gestellte Aufzug wurde 1990 umfassend saniert. Er ist gebührenpflichtig.

Mit dem Aufzug fahren wir dann wieder nach Bad Schandau hinunter. Dort gehen wir nur wenige Meter rechter Hand auf der Hauptstraße in Richtung Ortsmitte, überqueren dann die Straße und gehen durch die Parkanlagen des Parkhotels Bad Schandau zur Elbe. Dieser Weg ist für Fußgänger freigegeben. An der Elbe wenden wir uns nach rechts, überqueren die Kirnitzsch und laufen weiter am Elbufer entlang und vorbei an der Toskana-Therme zum Fähranleger, unserem Ausgangspunkt.

Es geht auch ohne Aufzug All diejenigen, denen eine Fahrt mit dem Aufzug zu luftig erscheint, können auf dem zuvor beschriebenen Anstiegsweg auch wieder hinunter nach Bad Schandau wandern. Nach den Treppen geht man dann linker Hand am Lindenhof vorbei bis zur Hauptstraße, auf dieser man nach rechts wieder die St.-Johannis-Kirche und den Marktplatz erreicht. An dessen Ende, auf Höhe der Tourist-Information, geht es dann links in die Königsteiner Straße und hinunter zur Elbe. Auto- wie Bahnfahrer gelangen so gleichermaßen zurück zu ihren Aussichtspunkten.

Mein Tipp für den Tourenausklang

Besuchen Sie doch den Botanischen Garten in Bad Schandau: Hier können Sie die Pflanzen aus der Sächsischen Schweiz bewundern, ebenso wie die aus Böhmen, dem Erzgebirge und der Lausitz. Der Pflanzengarten ist von März bis Oktober geöffnet und gebührenpflichtig. Der Botanische Garten ist auch mit der Straßenbahn erreichbar, die vom Kurpark Bad Schandau zum Lichtenhainer Wasserfall fährt.

Liebe auf den ersten Blick

Auf die Hohe Liebe hoch über der Kirnitzsch

Mittel 250 Hm 2.15 Std. 3,4 km

Tourencharakter
Wanderung auf breiten Schotterwegen und zumeist auf Wanderwegen

Ausgangspunkt
Straßenbahn- und Bushaltestelle »Nasser Grund« 150 m

Endpunkt
Straßenbahn- und Bushaltestelle »Ostrauer Mühle« 130 m

Höchster Punkt
Hohe Liebe 400 m

Anfahrt
A 17 bis Ausfahrt Pirna, über Königstein nach Bad Schandau, von dort nach Hinterhermsdorf und durchs Kirnitzschtal zum Lichtenhainer Wasserfall
Bus & Bahn: S1 ab Dresden Richtung Schöna oder Bad Schandau bis Bad Schandau-Bahnhof, dann Fähre nach Bad Schandau-Ort, weiter Fußweg durch Bad Schandau zur Kirnitzschtalbahn (beschildert) und mit der Kirnitzschtalbahn bis »Nasser Grund«. Oder von Bad Schandau-Bahnhof mit Bus 241 Richtung Hinterhermsdorf bis »Nasser Grund«

Gehzeiten
Nasser Grund – Hohe Liebe 1 Std. – Ostrauer Mühle 1.15 Std.

Beste Jahreszeit
April bis Oktober, bei Schnee- und Eisfreiheit auch ganzjährig

Einkehr
Unterwegs keine

Karte
Landesvermessungsamt Sachsen Blatt Sächsische Schweiz, Bad Schandau, Sebnitz 1:25000

Tourismus-Info
Bad Schandau
Telefon: 035022/900 30
Website: www.bad-schandau.de

Die Hohe Liebe ist ein Aussichtsfelsen, in den man sich wahrlich verlieben könnte: Denn von hier aus schweift der Blick über den Felsenturm des Bloßstocks bis hin zu den Affensteinen, die im Abendlicht erglühen.

Hohe Liebeskunst Hohe Liebe ist wirklich ein schöner Name für einen Berg. Ohne über den wahren Ursprung dieses Namens nachzudenken, so passt er doch einfach für diesen Ort. Ja, man könnte sich wirklich in diesen Aussichtsfelsen verlieben, z. B. auf dieser ansprechenden Waldwanderung vom Nassen Grund im Kirnitzschtal hinüber zum Ostrauer Zeltplatz. Bus und Straßenbahn machen die Rundwanderung möglich.

Bunter Herbsttraum: Schrammsteineaussicht (links) mit Hoher Liebe (rechts)

Die Aussicht von der Hohen Liebe kann sich sehen lassen: Neben den schon erwähnten Felsformationen des Bloßstocks und der Affensteine im Osten grüßen von Südwesten der Falkenstein und die Schrammsteine herüber. Ein wirklich stimmungsvolles Bild, das jeden Maler inspirieren würde. Ein Bergsteiger-Ehrenmal befindet sich direkt auf dem Gipfel und erinnert an die Gefallenen des Ersten Weltkriegs.

Die Geologie des Berges muss hier noch explizit erwähnt werden, da es sich bei der Hohen Liebe aufgrund der Kegelform um einen untypischen Tafelberg handelt. Der Grund liegt in einer Unterschiebung der Lausitzer Platte – dadurch wiederum entstand eine von West nach Ost ansteigende, schräg stehende Platte mit den Gipfeln Gellchensteine (244 m), Kleine Liebe (344 m) und – ganz im Osten – der Hohen Liebe mit immerhin 401 Metern Höhe, dem Ziel unserer Wanderung.

Stimmungsvoll: die Hohe Liebe, von der Wildwiese aus gesehen

Über den Butterweg zur Hohen Liebe Von der Straßenbahn- und Bushaltestelle im Nassen Grund läuft man ein Stück auf der Straße entgegen der Fahrtrichtung – Vorsicht, hier gibt es Gegenverkehr durch die Straßenbahn und auch durch die Autos und Linienbusse (kein Fußweg)! Dann gehen wir über den Wanderparkplatz, dem Ausgangspunkt für Autofahrer, und überqueren die Kirnitzsch. Jetzt geht es rechter Hand mit dem Wegweiser »Butterweg, Hohe Liebe« durch den Wald hinauf.

Wir kreuzen mit dem gleichen Wegweiser den Oberen Steinbruchweg und folgen weiter dem Schild »Hohe Liebe«. An der nächsten Weggabelung nimmt man dann den rechten Weg mit dem Schild »Ostrau, Hohe Liebe« und wandert in Kehren durch den Bergwald hinauf. Zuletzt leitet uns dann der Wegweiser »Bergsteigerehrenmal« die letzten Meter auf den Aussichtsfelsen der Hohen Liebe.

Mein Wander-Tipp

Unternehmen Sie diese Tour erst in den späten Nachmittagstunden, denn dann taucht die Sonne die Wände des Bloßstockfelsen in ein mildes Licht – zusammen mit den Bergen der Hinteren Sächsischen Schweiz ein wunderschönes Fotomotiv. Noch ein Pluspunkt: Zu dieser Tageszeit sind Sie hier oben wahrscheinlich auch alleine.

Hinunter zur Ostrauer Mühle Nach einer Gipfelrast geht es nun wieder bis zur nächsten Weggabelung ein Stück bergab. Dann folgt man dem Schild »Oberer Liebenweg, Ostrau« rechter Hand bergab durch den Bergwald. Anschließend wendet man sich linker Hand einem breiteren Weg zu, der Richtung »Ostrau« ausgeschildert ist. Auch an der nächsten Weggabelung hält man sich links und ignoriert den mit »Steinbruchweg« ausgeschilderten Weg nach rechts.

Später geht es nur wenige Meter auf einem von links zulaufenden Weg mit dem Schild »Zeltplatz Ostrauer Mühle« weiter. Diesem Wegweiser folgt man dann rechter Hand bergab durch den Wald, nun wieder auf einem Wanderweg. Hier ist auch auf die grün-weiße Markierung zu achten, die vom eigentlichen Weg abzweigt und der wir folgen. So gelangen wir zur Ostrauer Mühle (130 m) und gehen hier links noch wenige Meter auf dem Flößersteig Richtung »Bad Schandau«. Nach Überqueren der Kirnitzsch wandern wir rechter Hand wenige Meter auf der Straße zur Straßenbahn- und zur Bushaltestelle »Ostrauer Mühle« und fahren mit diesen Verkehrsmitteln zurück nach Bad Schandau.

Weiterweg für Autofahrer Alle, die mit dem Auto angereist sind, fahren an der Ostrauer Mühle in der Gegenrichtung mit der Straßenbahn Richtung Lichtenhainer Wasserfall bzw. mit dem Bus 241 Richtung Hinterhermsdorf bis zur Haltestelle »Nasser Grund« zurück. Man kann auch auf dem idyllischen Flößersteig in einer

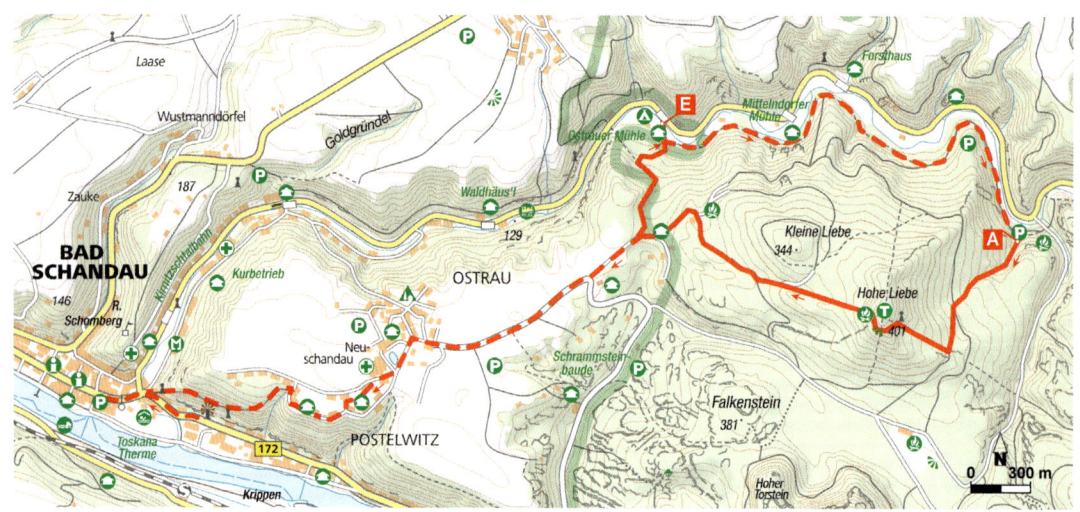

Dreiviertelstunde dorthin laufen, Trittsicherheit ist aber dabei vorausgesetzt – bei Nässe ist hier besondere Vorsicht geboten, denn dann können die Steine und Wurzeln des Weges glitschig sein.

Über Ostrau nach Bad Schandau Wer von den Bahn- und Busfahrern direkt nach Bad Schandau wandern möchte, folgt den Wegweisern nach Ostrau. In Ostrau hält man sich auf den Ortsstraßen in nordwestlicher Richtung und gelangt so an die Kante des Elbhanges. Hier folgt man dem Promenadenweg rechter Hand in Richtung »Bad

Schandau, Personenaufzug«. Nun kann man mit dem historischen Personenaufzug abfahren. Der Lift der 1954 unter Denkmalschutz gestellten Anlage fährt über knapp 50 Meter hinab. Der Stahlfachwerkturm ist im Jugendstil gestaltet. Von der Felskante bis zum Aufzug geht man über eine knapp 28 Meter lange Brücke.

Ohne Aufzug gelangt man weiter über den Promenadenweg hinunter nach Bad Schandau. Über den Kurpark und den Marktplatz erreicht man die Elbfähre, die einen dann hinüber nach Bad Schandau-Bahnhof bringt.

Herbstliche Waldidylle erwartet uns beim Aufstieg zur Hohen Liebe.

Kuhstall aus der Raubritterzeit

Zum großen Felsentor am Neuen Wildenstein

Leicht-schwer 180 Hm 1.30 Std. 2,5 km

Tourencharakter
Wanderung auf breiten Schotter-
und Wanderwegen und über Eisenstufen; auf dem Direktweg Kategorie blau

Ausgangs-/Endpunkt
Straßenbahn-Haltestelle und Wanderparkplatz »Lichtenhainer Wasserfall« (160 m)

Höchster Punkt
Neuer Wildenstein (337 m)

Anfahrt
A 17 bis Ausfahrt Pirna, über Königstein nach Bad Schandau, von
dort nach Hinterhermsdorf und
durchs Kirnitzschtal zum Lichtenhainer Wasserfall
Bus & Bahn: S1 ab Dresden Richtung Schöna oder Bad Schandau
bis Bad Schandau-Bahnhof, dann
Fähre nach Bad Schandau-Ort,
weiter Fußweg durch Bad Schandau zur Kirnitzschtalbahn (beschildert) und mit der Kirnitzschtalbahn
zum Lichtenhainer Wasserfall. Oder
von Bad Schandau-Bahnhof mit
Bus 241 Richtung Hinterhermsdorf
bis »Lichtenhainer Wasserfall«

Gehzeiten
Lichtenhainer Wasserfall – Kuh-
stall/Großer Wildenstein 1 Std. –
Lichtenhainer Wasserfall 30 Min.

Beste Jahreszeit
April bis Oktober

Einkehr
Gasthaus Kuhstall; Gasthaus Lichtenhainer Wasserfall

Karte
Landesvermessungsamt Sachsen,
Blatt Sächsische Schweiz/Bad
Schandau/Sebnitz, 1:25 000

Tourismus-Info
Bad Schandau
Telefon: 035022/900 30
Website: www.bad-schandau.de

Der Name »Kuhstall« stammt noch aus dem Dreißigjährigen Krieg, als die Bauern mit ihrem Vieh Schutz
vor den schwedischen Soldaten suchten. Die Bewohner
der Burg Wildenstein wiederum brachten hier ihr Vieh
aus den Raubzügen unter.

Zweitgrößtes Felsentor im Elbsandstein Der Kuhstall ist das Parade-Aus-
flugziel der Sächsischen Schweiz. Kein Wunder, denn das zweitgrößte
Felsentor im Elbsandsteingebirge ist nur etwa eine gute halbe Stunde von
der Endhaltestelle der urigen Kirnitzschtalbahn entfernt. Die beschrie-
bene Tour verläuft aber etwas länger auf dem interessanten Stufenweg
durch die Felsenschlüchte hinauf zum Kuhstall. Von dort geht es auf der
abenteuerlichen Himmelsleiter hinauf zum Gipfelplateau und zur ehemaligen Burg Wildenstein.

Der Kuhstall-Rundweg Vom Lichtenhainer Wasserfall wandern wir ein
Stück auf der Straße neben der Kirnitzsch in Fahrtrichtung, überqueren

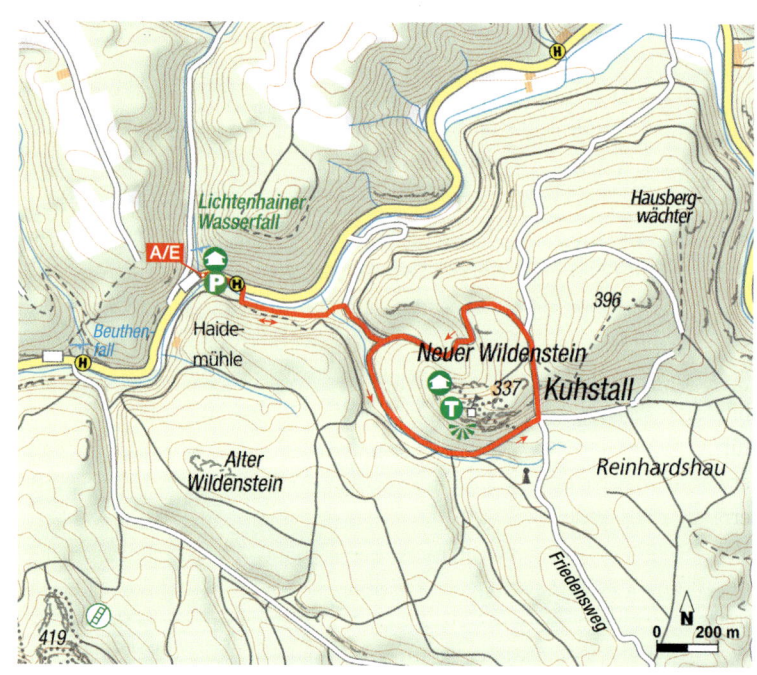

dann in der Nähe des Wanderparkplatzes den Bach auf der Steinbrücke und folgen dabei dem Wegweiser »Kuhstall«. Erst entlang der Kirnitzsch, wandern wir bald bergan in den Wald.

Wenig später zweigt der Weg rechts bergauf ab, den wir nehmen; wir folgen hier wieder dem Wegweiser »Kuhstall«. Kurz darauf ignorieren wir an einer Weggabelung den direkten Weg zum »Kuhstall« und gehen rechts auf dem Hinteren Kuhstallweg Richtung »Felsenmühle, Kleinstein«.

An der darauffolgenden Weggabelung gehen wir geradeaus Richtung »Felsenmühle, Kuhstall«. An der nächsten Wegkreuzung – zur Orientierung: Hier zweigt der Fremdenweg rechts ab (Wegweiser »Großer Winterberg«) – wandern wir links steil bergauf und folgen dabei dem Wegweiser »Kuhstall«. Durch die Felsenschlucht steigen wir über viele Treppen hinauf zum Gasthaus am Kuhstall. Dann laufen wir durch das Felsentor des »Kuhstalls«.

Anschließend wandern wir auf dem eher unscheinbaren Weg mit dem Wegweiser »Himmelsleiter« hinauf zum Felsplateau mit der ehemaligen Burg Wildenstein (337 m). Da die Eisentreppen sehr schmal sind, wurde hier eine »Einbahnstraße« eingerichtet, die nur bergauf führt (Kategorie schwarz). Für alle, die unter Klaustrophobie leiden, sollte deshalb erwähnt werden, dass das Gipfelplateau auch auf dem Normalweg (Kategorie blau) erreichbar ist, indem man vom Gasthof Kuhstall westlich weitergeht.

Vom Felsplateau der ehemaligen Burg Wildenstein folgen wir den Wegweisern wieder hinunter zur Gaststätte am Kuhstall und wandern von dort auf dem Direktweg in nordwestlicher Richtung zurück zum Lichtenhainer Wasserfall. So sind wir auch wenig später wieder auf der schon bekannten Aufstiegsroute.

Meine Wander-Variante

Beim Abstieg vom Gipfelplateau zum Gasthof Kuhstall lohnt sich ein Abstecher zum sogenannten »Schneiderloch«: Dabei geht es zunächst in den unteren Teil der Höhle, dann steigt man mithilfe einiger Metallklammern in das eigentliche Schneiderloch und zum oberen Höhlenteil auf. Von ihm hat man (geländergesichert) nochmals einen schönen Ausblick auf die Sächsische Schweiz.

9

Höhlentor im Felsenzirkus

Frienstein und Idagrotte am Oberen Affensteinweg

Über den »Kuhstall« führt die Rundtour zum Oberen Affensteinweg und zum Frienstein. Über ein Felsenband gelangt man zur Idagrotte – doch Vorsicht, hier sind Schwindelfreiheit und Trittsicherheit gefragt!

Mittel-schwer   380 Hm   3.30 Std.   8,3 km

Tourencharakter
Breite Schotter- und Wanderwege sowie Stufenwege, zur Idagrotte über ein Felsband – Schwindelfreiheit und Trittsicherheit nötig! Ohne Idagrotte: Kategorie rot

Ausgangspunkt
Straßenbahn-Haltestelle und Wanderparkplatz »Lichtenhainer Wasserfall« (160 m)

Endpunkt
Straßenbahn-Haltestelle »Beuthenfall« (155 m) bzw. Wanderparkplatz »Lichtenhainer Wasserfall« (160 m)

Höchster Punkt
Rastzplatz am Frienstein (455 m)

Anfahrt
A 17 bis Ausfahrt Pirna, über Königstein nach Bad Schandau, nach Hinterhermsdorf bis zum Lichtenhainer Wasserfall
Bus & Bahn: S1 ab Dresden Richtung Schöna bis Bad Schandau, Fähre nach Bad Schandau-Ort, weiter zu Fuß zur Kirnitzschtalbahn (beschildert) zum Lichtenhainer Wasserfall; zurück ab Beuthenfall. Auch Bus 241 ab Bahnhof

Gehzeiten
Lichtenhainer Wasserfall – »Kuhstall« 45 Min. – Idagrotte 1.45 Std. – Bloßstock 30 Min. – Lichtenhainer Wasserfall 30 Min.

Beste Jahreszeit
April bis Oktober

Einkehr
Gasthaus am Kuhstall; Gasthaus Lichtenhainer Wasserfall

Karte
Landesvermessungsamt Sachsen, Blatt Sächsische Schweiz/ Bad Schandau/Sebnitz, 1:25 000

Tourismus-Info
Bad Schandau
Telefon: 035022/900 30
Website: www.bad-schandau.de

Frienstein und Idagrotte Der Frienstein ist eine ca. 130 Meter hohe Felsenburg. 1410 wurde dort eine Burgwarte errichtet; dabei konnte die Idagrotte als natürlicher Felsraum genutzt werden. Über ein schmales Felsenband wird die Grotte erreicht. Da es direkt über dem Abgrund führt, sind hier unbedingt absolute Trittsicherheit und Schwindelfreiheit erforderlich. Deshalb ist diese Wanderung auch als »schwer«, also schwarz eingestuft. Wer diese Stelle meiden möchte, kann davor schon unter dem Frienstein an einem schönen Rastplatz sitzen – dann fällt diese Tour in die Kategorie »mittel«, also rot.

Der Obere Affensteinweg Von einem der Aussichtsplätze auf dem Oberen Affensteinweg kann man das Panorama der Hinteren Sächsischen

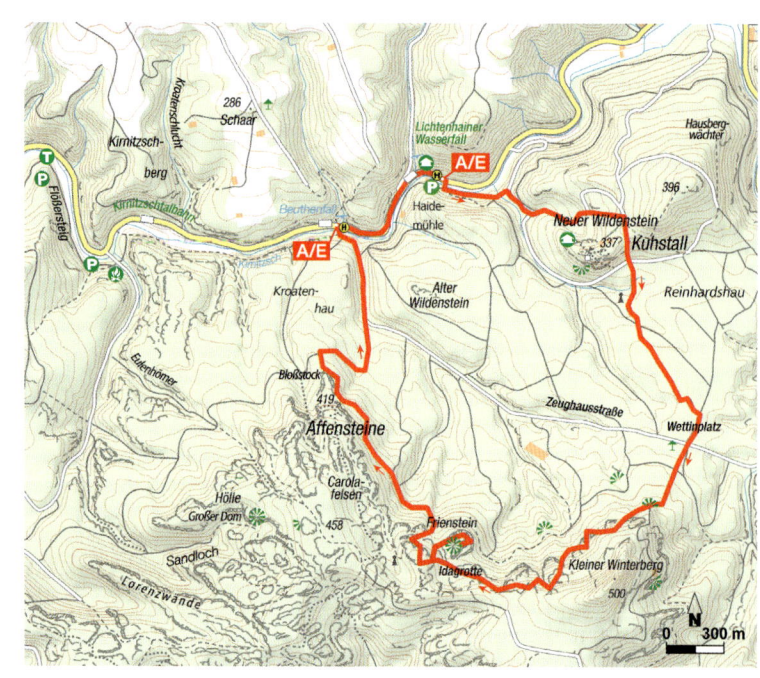

Schweiz besonders gut genießen. Über dem Wildensteiner Wald schweift hier der Blick auf die Felsenburg des »Kuhstalls« bzw. des Großen Wildensteins. Dahinter verläuft das tief eingeschnittene Tal der Kirnitzsch in der Nähe von Hinterhermsdorf bis nach Bad Schandau. Eine wirklich beeindruckende Landschaft, die viel Weite und ursprüngliche Natur zu bieten hat.

Auch hier ist besondere Trittsicherheit erforderlich, denn der Bergpfad verläuft mal mehr, mal weniger nahe an den Felsabbrüchen entlang, die man im Wald nur allzu gern übersieht. Und auch der Stufenweg hinunter zum Beuthenfall sollte gerade bei Nässe mit größter Vorsicht begangen werden. Da heißt es langsam Stück für Stück bergab!

Bahn, Fähre und Kirnitzschtalbahn Allein schon die Anfahrt ist für alle, die mit der Bahn kommen, ein Erlebnis für sich. Denn vom Bahnhof in Bad Schandau geht es mit der Fähre über den breiten Strom der Elbe und hinüber in die Stadt. Hier kann man dann gemütlich durch die Gassen der Altstadt zum Kurpark in Bad Schandau und entlang der Kirnitzsch schlendern.

Dann steigt man in die historischen Waggons der Kirnitzschtalbahn. Ratternd fährt die Bahn durch das Tal und entlang der Kirnitzsch – bizarre Felsformationen und

Wanderglück genießt man am Oberen Affensteinweg zur Idagrotte.

eine romantische Flusslandschaft erwarten uns hier. Die Richtungsänderung der Bahn an der Endstation beim Lichtenhainer Wasserfall ist ebenfalls spannend: Dann koppelt der Fahrer schnell den Triebwagen ab und hängt ihn an der anderen Seite des Zuges wieder an. Straßenbahnfans werden ihr wahres Vergnügen an dieser Fahrt haben!

Zum Kuhstall Von der Straßenbahn-Endhaltestelle am Lichtenhainer Wasserfall wandern wir ein Stück in Fahrtrichtung auf der Straße und entlang der Kirnitzsch. Dann überqueren wir in Nähe des Wanderparkplatzes den Bach, folgen dem Wegweiser »Kuhstall« und wandern so ein Stück auf dem Flößersteig entlang der Kirnitzsch.

Wenig später zweigt der Weg rechter Hand bergauf ab; wir folgen hier wieder dem Wegweiser »Kuhstall«. Kurz darauf nehmen wir dann den direkten Weg zum Kuhstall geradeaus.

Rechts: Weit geschaut: mystisch-majestätischer Ausblick vom Oberen Affensteinweg

Am Gasthaus am Kuhstall angelangt, kann man entweder zum Gipfel des Neuen Wildensteins (337 m) über das Felsportal des Kuhstalls und die abenteuerliche Himmelsleiter oder über den Normalweg hinter dem Gasthof aufsteigen (s. hierzu auch die kleine Rundtour zum Kuhstall – Tour Nr. 8).

Gott, ist das schön: der Frienstein, umrahmt von Birken auf weißem Sandboden.

Oberer Affensteinweg und Idagrotte Anschließend geht es direkt vom Gasthaus am Kuhstall mit dem Wegweiser »Kleiner und Großer Winterberg« über die Stufen der

Felsenschlucht steil bergab. Am Fuß des Berges kommen wir zu einer Wegkreuzung; hier folgen wir wieder dem Wegweiser »Kleiner und Großer Winterberg« geradeaus. An der nächsten Wegkreuzung, am Wettinplatz mit Unterstand, gehen wir schließlich erneut geradeaus mit diesem Wegweiser.

Im folgenden Anstieg lassen wir den Königsweg rechter Hand zum Beuthenfall liegen und gehen steil bergauf mit den gewohnten Wegweisern. Dann nehmen wir den Oberen Affensteinweg rechter Hand mit dem Schild »Frienstein, Beuthenfall«. Der Weg führt nun, mit schönen Aussichtspunkten versehen, auf der Nordseite des Großen Winterbergs in vielen Kehren durch den Wald. Trittsicherheit ist auch auf diesem mit Wurzeln und Steinen durchsetzten Wegabschnitt gefragt, und auch schwindelfrei sollte man hier in der Nähe der Steilhänge auf jeden Fall sein.

An der nächsten Weggabelung gehen wir dann rechter Hand zum Frienstein (455 m), der unter seinen Felsen schöne Rastplätze bietet. Alle, die um den Frienstein auf dem Felsband den kurzen Abstecher zur Idagrotte gehen wollen, benötigen Trittsicherheit und Schwindelfreiheit.

Meine Wander-Variante

Für alle, die noch Lust auf mehr haben: Wenn Sie mit der Bahn angereist sind, können Sie dem romantischen Flößersteig ab dem Beuthenfall linker Hand in Richtung Bad Schandau folgen und nach Belieben von einer der Straßenbahn-Haltestellen oder Bushaltestellen zurück nach Bad Schandau fahren.

Spricht den Künstler in uns an: der Wald als Kunstobjekt

Hinunter ins Kirnitzschtal Nun folgen wir dem Schild »Beuthenfall, Bloßstock« und steigen über viele Stufen steil bergab bis zur nächsten Weggabelung, wo wir dem Wegweiser »Beuthenfall« nach links folgen. Genau diesen Hinweis ignorieren wir allerdings dann an der nächsten Weggabelung und gehen hier mit dem Wegweiser »Bloßstock« geradeaus weiter; so gelangen wir wieder unter die steil aufragenden Felswände der Affensteine. Ganz besonders spektakulär sind hier die senkrechten Felswände des Bloßstock.

Hier nehmen wir den Weg rechter Hand hinunter Richtung Beuthenfall, biegen an der nächsten Weggabelung nach links ab und gelangen so zum Beuthenfall (155 m). Bahnfahrer können von hier aus mit der Kirnitzschtalbahn oder mit dem Bus 241 zurückfahren. Autofahrer folgen der Hauptstraße rechter Hand ein kurzes Stück zurück zum Wanderparkplatz am Lichtenhainer Wasserfall.

Spektakuläre Felsenburg aus Sandstein

Zum Hinteren Raubschloss

Mittel-schwer   200 Hm   2.30 Std.   5,8 km

. . . .

Tourencharakter
Wanderung auf breiten Schotter-
und Wanderwegen, Steiganlage am
Hinteren Raubschloss – Schwindel-
freiheit und Trittsicherheit nötig!
Ohne diese: Kategorie rot.

Ausgangs-/Endpunkt
Bushaltestelle und Wanderparkplatz »Neumannmühle« (190 m).

Höchster Punkt
Hinteres Raubschloss (Winterstein)
(390 m)

Anfahrt
A 17 bis Ausfahrt Pirna, über Königstein nach Bad Schandau, von
dort nach Hinterhermsdorf und
durchs Kirnitzschtal bis Neumannmühle
Bus & Bahn: S1 ab Dresden Richtung Schöna oder Bad Schandau
bis Bad Schandau und weiter mit
Bus 241 Richtung Hinterhermsdorf
bis »Neumannmühle«

Gehzeiten
Neumannmühle – Hinteres Raubschloss 1.15 Std. – Neumannmühle 1.15 Std.

Beste Jahreszeit
April bis Oktober

Einkehr
Gasthaus Zeughaus (Abstecher);
Gasthaus Neumannmühle

Karte
Landesvermessungsamt Sachsen,
Blatt Sächsische Schweiz/Bad
Schandau/Sebnitz, 1:25 000

Tourismus-Info
Bad Schandau
Telefon: 035022/900 30
Website: www.bad-schandau.de

Das Hintere Raubschloss ist ein 389 Meter hohes Felsplateau, auch als Raubstein oder Winterstein bekannt.
Eine mittelalterliche Felsenburg gab es hier oben ab
dem 13. Jahrhundert, die aber um 1450 schon wieder
verfallen war.

Das Hintere Raubschloss Genau in der Mitte zwischen den tief einge-
schnittenen Waldtälern des Kleinen und Großen Zschandes liegt die Felsenburg des Hinteren Raubschlosses. Zunächst geht es auf dieser Wanderung ja noch recht gemächlich dahin, doch das Finale auf den Aussichts-

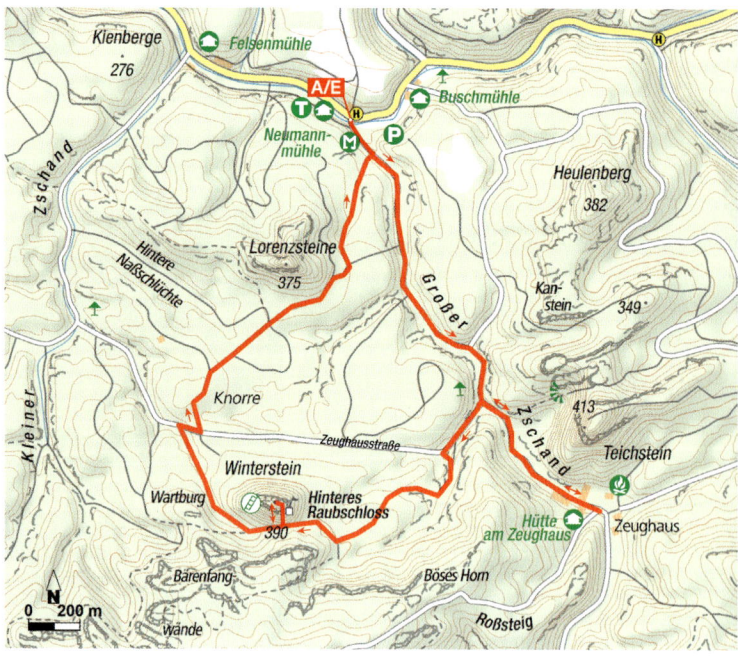

felsen kann sich sehen lassen: Leitern und Stiegen ermöglichen den Weg
auf das Felsplateau, weshalb Schwindelfreiheit und Trittsicherheit wichtig sind.

Aufstieg zur Felsenburg Von der Neumannmühle geht es für Bahn- und
Busfahrer genauso wie für Autofahrer auf einem breiten Schotterweg
bergauf in ein bewaldetes Tal. Hier orientieren wir uns an den Wegwei-

sern zum Zeughaus und ignorieren die Wegabzweigung zu den Spitzsteinschlüchten.

Weiter geradeaus wandernd, ignorieren wir noch die nächste Abzweigung linker Hand und folgen dann an der nächsten Weggabelung nach rechts ein kurzes Stück der Zeughausstraße (Wegweiser »Winterstein, Hinteres Raubschloss«). An der darauffolgenden Gabelung halten wir uns links und gehen wieder mit dem gleichen Wegweiser bergauf; vor der Felsenburg wenden wir uns dann nach rechts.

Beim Einstieg führen Treppen und Leitern zu einer Klufthöhle. Von hier aus geht es auf einer luftigen, zehn Meter hohen Leiter hinauf und über Eisenstiegen in einer Felsspalte auf das Gipfelplateau der Felsenburg. Die Rundumschau von hier oben auf die umliegenden Felsgipfel der Hinteren Sächsischen Schweiz kann sich sehen lassen. Ganz nah sind uns die Pechofenhörner und der Teichstein.

Wieder hinab zur Neumannmühle Dann geht es auf dem zunächst bekannten Anstiegsweg über Leitern und Stufen wieder hinunter. Am Fuß des Berges wandern wir nun aber rechter Hand ein Stück in Richtung Kleiner Winterberg bergab, dann geht es rechts durch die Buchschlüchte. An einem breiten Schotterweg angelangt, wandern wir nur wenige Meter rechter Hand bergauf in Richtung Zeughaus und halten uns dann links (Schild »Knorre, Neumannmühle«). Zuletzt wandern wir rechts hinunter und durch die romantischen Spitzsteinschlüchte. An deren Ende sind es dann nur noch wenige Meter nach links (jetzt ohne Beschilderung) bis zur Neumannmühle, unserem Ausgangspunkt.

Mein Tipp für den Tourenausklang

Die wohl einzige Mühle der Region, die noch ihre ursprüngliche Gestalt besitzt, ist die Neumannmühle. Etwa um 1850, mit Beginn der Flößerei auf der Kirnitzsch, nahm die Bedeutung der Sägemühlen im gleichnamigen Tal zu. Besuchen Sie am Beginn oder Ende der Tour dieses Museum mit den Bereichen Holzschliff, Papierherstellung und Sägemühle (www.neumann-muehle.de)

11

Liebenswertes Mauerblümchen

Auf den Teichstein über dem Zeughaus

Schwer   240 Hm   2.15 Std.   7,7 km

Tourencharakter
Wanderung auf breiten Schotter-
und Wanderwegen, Steig am Teichstein – Schwindelfreiheit und Trittsicherheit nötig!

Ausgangspunkt
Bushaltestelle und Wanderparkplatz »Neumannmühle« (190 m)

Endpunkt
Bushaltestelle »Buschmühle«
195 m, Wanderparkplatz »Neumannmühle« (190 m)

Höchster Punkt
Teichstein (412 m)

Anfahrt
A 17 bis Ausfahrt Pirna, über Königstein nach Bad Schandau, von
dort nach Hinterhermsdorf und
durchs Kirnitzschtal bis Neumannmühle
Bus & Bahn: S1 ab Dresden Richtung Schöna oder Bad Schandau
bis Bad Schandau, dann mit Bus
241 Richtung Hinterhermsdorf bis
Neumannmühle

Gehzeiten
Neumannmühle – Zeughaus
30 Min. – Teichstein 30 Min. –
Buschmühle/Neumannmühle
1.15 Std.

Beste Jahreszeit
April bis Oktober

Einkehr
Gasthaus Zeughaus; Gasthaus
Neumannmühle; Gasthaus
Buschmühle

Karte
Landesvermessungsamt Sachsen,
Blatt Sächsische Schweiz/Bad
Schandau/Sebnitz, 1:25 000

Tourismus-Info
Bad Schandau
Telefon: 035022/900 30
Website: www.bad-schandau.de

Über dem Großen Zschand auf Höhe des Zeughauses erhebt sich der Teichstein. Der will erklommen werden, mit ein paar Eisentritten und einer Seilquerung. Oben angelangt, genießt man atemberaubende Tiefblicke.

Der Teichstein Direkt über dem bekannten Zeughaus erhebt sich der Teichstein. Respektable 412 Meter misst der felsige Aussichtsberg, der über dem Großen Zschand thront. Er ist zwar bekannt unter den Wande-rern, dürfte aber nicht so frequentiert sein wie die Nachbargipfel der Sächsischen Schweiz, z. B. der Carolafelsen oder die Schrammsteine. Rau und schroff erheben sich seine Felsen, durchsetzt von bonsaiartigen Kie-fern und Birken, die auf den exponierten Felsriffen thronen. Gerade an bewölkten Tagen kommen nur wenige hier herauf. Schließlich braucht man auch gute Trittsicherheit, denn ein kurzes Wegstück führt an einem Seil durch den Steilhang. Später geht es dann über Stufen weiter bergauf; hier kann man sich an einer Eisenkette einhalten. Am besten geht man

Herbstidylle im Großen Zschand mit dem Teich-stein im Hintergrund

deshalb bei trockener Witterung, und auch am Tag zuvor sollte es möglichst nicht geregnet haben.

Der Blick vom Teichstein reicht weit ins Land hinaus.

Auf dem Felsenriff des Berges bieten sich schon zuvor Tiefblicke. Kleine Birken und Kiefern krallen sich auch hier oben fest und bieten ein anmutiges Landschaftsbild. Wenn mal nicht die Sonne scheint, ziehen die Wolken um den Berg herum und lassen mystische Aussichten zu. Zwei Aussichtspunkte hat der Teichstein:

Wendet man sich zur nordwestlichen Seite, geht der Blick auf den Wachberg mit seiner Baude, in der Nähe von Saupsdorf gelegen. Der Kleinstein mit seiner Höhle ist ebenfalls zu sehen; sie stellt das zweitgrößte Felsentor in der Sächsischen Schweiz dar, nach dem Kuhstall, versteht sich von selbst. Dann ist noch der Aussichtsturm bei Sebnitz zu erkennen. In direkter Nähe grüßen der Heulenberg und der Kanstein herüber.

Über Treppen geht es zum bewaldeten Plateau nach Südwesten, einem weiteren Aussichtspunkt. Hier ist besondere Vorsicht geboten, denn hier fehlt ein Geländer, wie wir es von anderen Aussichtsbergen gewohnt

Mein Tipp für den Tourenausklang

Kehren Sie doch am Ende der Wanderung in der Buschmühle ein. Bis 1992 diente die letzte Mühle des Kirnitzschtals noch als Mahlmühle. Erstmals wurde die Mühlenanlage der Hinteren Sächsischen Schweiz im 16. Jahrhundert erwähnt. Sie liegt direkt an der romantischen Kirnitzsch (www.die-buschmuehle.de).

sind. Hier kann man den vorgelagerten Teichsteinwächter sehen, und ganz unten im Tal liegt das Zeughaus. Platz gibt es hier oben auf dem breiten Felsplateau genug, um die Aussicht zu genießen. Das ist nur bei wenigen Gipfeln in der Sächsischen Schweiz der Fall.

Die Nationalpark-Informationsstelle Zeughaus Ehemals eine Revierförsterei, befindet sich heute im Zeughaus die Nationalpark-Informationsstelle; hier kann man sich zu den Themen Hirsch-, Auerhuhn-, Wolfs- und Luchsjagd weiterbilden, ebenso zum früheren Bärenfang, die gleichnamigen Bärenfangwände sind ja nicht allzu weit entfernt. Des Weiteren gibt es Infos zur Kernzone des Parks im Großen und Kleinen Zschand. In einem anschaulichen Film werden diese Themen über Naturschutz einst und heute dargestellt.

Auf dem Weg zum Zeughaus kann man sich nicht verirren.

In der Nähe des Hauses stehen ein paar Entspannungsliegen, und über die Bergwiese ist es nicht weit zum Teichsteinblick. Der Berg gibt mit der Nationalpark-Info-

stelle ein besonders malerisches Bild ab – das sei für alle Fotografen unter den Wanderern gesagt. Öffnungszeiten sind von April bis Oktober täglich von 10–16 Uhr.

Der Aufstieg Von der Neumannmühle geht es für Bahn- und Busfahrer genauso wie für Autofahrer auf einem breiten Schotterweg leicht bergauf in ein bewaldetes Tal. Überhängende Felswände und dunkle Wälder schaffen hier das typische Ambiente der Sächsischen Schweiz. Wir orientieren uns an den Wegweisern zum Zeughaus und ignorieren die Wegabzweigungen zu den Spitzsteinschlüchten und zum Hinteren Raubschloss (jeweils rechter Hand).

Am Zeughaus geht es zunächst geradeaus, dann linker Hand immer den Wegweisern zum Teichstein folgend auf einem breiten Wanderweg durch den Wald bergauf. Auf der Anhöhe, an der Weggabelung am breiten Schotterweg, wandert man nun linker Hand auf einem Bergpfad mit dem Wegweiser »Teichstein« weiter. Der Pfad quert später seilversichert einen Steilhang und führt dann über Metalltritte und in den Felsen gehauene Stufen. Über den Bergkamm wandern wir zuletzt weitgehend eben zum Gipfel des Teichsteins.

Abstieg ins Kirnitzschtal Vom Teichstein gehen wir zunächst auf dem bekannten Aufstiegsweg zurück. An der Weggabelung des Aufstiegsweges orientiert man sich nun linker Hand mit dem Schild »Buschmühle« auf einen breiten Schotterweg. Die-

ser führt in vielen Kehren durch den Wald. Später geht es nach einem kurzen Anstieg wieder bergab. An der darauffolgenden Weggabelung halten wir uns rechts und laufen auf einem Wanderweg weiter bergab durch den Wald (Wegweiser »Buschmühle«). Von der Buschmühle können Busfahrer direkt nach Bad Schandau zurückfahren. Autofahrer folgen noch ca. 300 Meter der Straße linker Hand und laufen neben der Kirnitzsch zurück zur Neumannmühle.

Blick zum Teichstein vom Zeughaus aus

Naturidyll am Goldsteig

Zwischen Goldstein und Richterschlüchten

Mittel   220 Hm   4 Std.   7,9 km

Tourencharakter
Wanderung auf breiten Schotter-
und Wanderwegen sowie auf schönen Bergpfaden

Ausgangs-/Endpunkt
Bushaltestelle und Wanderparkplatz »Neumannmühle« (190 m)

Höchster Punkt
Goldsteig (400 m)

Anfahrt
A 17 bis Ausfahrt Pirna, über Königstein nach Bad Schandau, von
dort nach Hinterhermsdorf und
durchs Kirnitzschtal bis Neumannmühle
Bus & Bahn: S1 ab Dresden Richtung Schöna oder Bad Schandau
bis Bad Schandau, dann mit Bus
241 Richtung Hinterhermsdorf bis
Neumannmühle

Gehzeiten
Neumannmühle – Zeughaus
30 Min. – Goldsteig 1 Std. – über
den Goldsteig 1.30 Std. – Zeughaus 30 Min. – Neumannmühle
30 Min.

Beste Jahreszeit
April bis Oktober

Einkehr
Gasthaus Zeughaus; Gasthaus Neumannmühle

Karte
Landesvermessungsamt Sachsen,
Blatt Sächsische Schweiz/Bad
Schandau/Sebnitz, 1:25 000

Tourismus-Info
Bad-Schandau
Telefon: 035022/900 30
Website: www.bad-schandau.de

Der idyllische Bergfad führt auf gleicher Höhe durch tiefe Bergwälder. Immer wieder genießt man dabei Ausblicke über den Großen Zschand, während man auf weichen Sandböden und umgeben von satten Blaubeermatten dahinwandert.

Der Goldsteig Dieser idyllische Bergpfad bietet immer wieder schöne Rastplätze. Hier können Sie die Natur in vollen Zügen genießen, denn Sie werden kaum einem anderen Wanderer hier oben begegnen. So ist es auch kein Wunder, dass dieser romantische Weg an manchen Stellen von Farnen und Blaubeersträuchern überwachsen ist. Dann heißt es, die Orientierung zu behalten und immer auf der gleichen Höhe dem schmalen Pfad weiter zu folgen bis zum Abzweig in die Richterschlüchte. Wahrlich

ein romantischer Ort der Stille – besonders für all jene, die eine Wanderung mit allen Sinnen erleben möchten.

Die Wanderung Von der Neumannmühle geht es für Bahn- und Busfahrer genauso wie für Autofahrer zunächst auf einem breiten Schotterweg bergauf in ein bewaldetes Tal. Hier orientieren wir uns an den Wegweisern zum Zeughaus und ignorieren die Wegabzweigungen zu den Spitzsteinschlüchten und dem Hinteren Raubschloss. Am Zeughaus angelangt, geht es noch kurz auf dem breiten Schotterweg taleinwärts. Dabei ignorieren wir die Abzweige gleich nach dem Zeughaus zum Roßsteig rechts, denn das ist unser Abstiegsweg, sowie zum Großen Hochübelweg links (Schild »Reitsteig, Hickelhöhle«). Wir folgen also weiter dem breiten Schotterweg taleinwärts Richtung Hickelhöhle bis zum Abzweig in die Richterschlüchte.

Hier gehen wir rechter Hand und folgen dem Wegweiser »Großer Winterberg, Richterschlüchte«. Zunächst geht es weitgehend eben auf einem Sandweg durch den Wald, dann bergauf über einige Holztreppen. Nach einer steilen Holztreppe, noch vor der Richtergrotte, zweigt nun rechter Hand fast unscheinbar mit einem kleinen Schild »Goldsteig, Bergpfad« markiert unser Pfad ab. Auf nun 2,7 Kilometern führt uns dieser Pfad immer auf gleicher Höhe durch den Bergwald. Wir kommen am Spitzen Horn vorbei, und in der Folge geht es unter den Felswänden des Goldsteins entlang. So kommen wir an eine Weggabelung. Hier folgen wir rechter Hand dem Roßsteig nun wieder bergab (ohne Beschilderung) bis zum Zeughaus, das sich für eine Einkehr anbietet. Dann wandern wir auf dem bereits bekannten Hinweg wieder zurück zur Neumannmühle.

Rechts: Blaubeeren, Kiefern, Sand und Felsen: romantische Wegführung am Goldsteig

Links: Der wanderglückliche Autor genießt den Tag am Goldsteig.

Mein Einkehr-Tipp

Das schöne Gasthaus Zeughaus bietet den Wanderern ganz besondere kulinarische Genüsse – eine abwechslungsreiche Küche mit Produkten aus regionalem und biologischem Anbau. Egal, ob es sich um leckere Suppen, Salate, Hauptspeisen oder Kuchen handelt – hier bleibt kein Wunsch offen.

Stille Hintere Sächsische Schweiz

Über den Reitsteig zur Hickelhöhle

Mittel · 200 Hm · 3.15 Std. · 9,8 km

Tourencharakter
Wanderung zunächst auf breiten Schotterwegen, Wanderwegen und schönen Bergpfaden

Ausgangs-/Endpunkt
Bushaltestelle und Wanderparkplatz »Neumannmühle« (190 m)

Höchster Punkt
Reitsteig (400 m)

Anfahrt
A 17 bis Ausfahrt Pirna, über Königstein nach Bad Schandau, von dort nach Hinterhermsdorf und durchs Kirnitzschtal bis Neumannmühle
Bus & Bahn: S1 ab Dresden Richtung Schöna oder Bad Schandau bis Bad Schandau, dann mit Bus 241 Richtung Hinterhermsdorf bis Neumannmühle

Gehzeiten
Neumannmühle – Zeughaus 30 Min. – Hickelhöhle 1.30 Std. – Zeughaus 30 Min. – Neumannmühle 45 Min.

Beste Jahreszeit
April bis Oktober

Einkehr
Gasthaus Zeughaus; Gasthaus Neumannmühle

Karte
Landesvermessungsamt Sachsen, Blatt Sächsische Schweiz/Bad Schandau/Sebnitz, 1:25 000

Tourismus-Info
Bad Schandau
Telefon: 035022/900 30
Website: www.bad-schandau.de

Wo geht's heute hin?

Eine stille, landschaftlich reizvolle Tour führt auf dem Höhenwanderweg des Reitsteiges in vielen Kehren um die Berghänge, mit wildromantischen Fels- und Waldszenerien, bis zum Portal der Hickelhöhle.

Unterwegs am Reitsteig Wenn Sie auf dieser Wanderung mit ihren wirklich romantischen Wegabschnitten am Reitsteig in der Hinteren Sächsischen Schweiz einem anderen Wanderer begegnen sollten, dann ist das schon etwas Besonderes, weshalb man vielleicht ins Gespräch kommt und sich austauscht über die Schönheit der Natur auf dieser Wanderung. Ansonsten wird uns wahrscheinlich nur das Rauschen der Baumwipfel im Wind begleiten.

Nachdem man über den großen Hochübelweg steil durch den Wald bergauf gestiegen ist, gelangt man auch schon auf den Reitsteig. In vielen Kehren zieht der Weg unter den Felsformationen durch die mystisch anmutenden Wälder. Auf den eher schattenseitigen Berghängen begleiten uns dunkle Fichten und Tannen, und auf den sonnenseitigen Hängen ändert sich dann die Szenerie schlagartig: Helle Birken und einige knorrige Kiefern zaubern nun ein freundliches Landschaftsbild. Dazu breiten sich Blaubeermatten aus. Heller, ja weißer Sand unter den Füßen an einigen Wegabschnitten unter den Felswänden macht diese Wanderung zu einem Erlebnis für Augen und Füße gleichermaßen, denn hier kann man getrost barfuß gehen.

Auf diesem Weg kann man im wahrsten Sinn des Wortes seine Seele baumeln lassen: am Reitsteig – einem der wohl schönsten Wanderwege in der Hinteren Sächsischen Schweiz.

Großer Zschand und Hickelhöhle Der Große Zschand ist mit etwa sechs Kilometern das längste Trockental im Elbsandsteingebirge; es verläuft von der Neumannmühle bis zur Roßmaulwiese in der Böhmischen Schweiz. Das Tal war früher eine wichtige Handelsverbindung zwischen Böhmen und Sachsen, und eine Zollstation befand sich im Zeughaus, der heutigen Gastwirtschaft. Hinweise auf eine jagdliche Nutzung des Trockentals bieten Bärenfanggruben und Salzlecken. Früher war dieses Tal sogar eine Verkehrsverbindung zwischen Děčín, Hřensko und Bad Schandau, und das bis zum Ausbau der heutigen Bundesstraße. Klammartig schneidet sich das nördliche Tal in die Felsen ein und bietet somit beste Voraussetzungen für ein kühles und feuchtes Kellerklima. Im südlichen Teil hinter dem Zeughaus verbreitert sich das Tal und wird umrahmt von den Thorwalder Wänden und den Partschenhörnern.

Die Hickelhöhle ist die zweitgrößte Höhle der Sächsischen Schweiz. Sie befindet sich in den Thorwalder Wänden oberhalb des Großen Zschand. Die Höhle ist bis zu 14 Meter tief und 45 Meter breit und stellt so eine breite Schichtfugenhöhle dar, ausgebildet als Halbhöhle. Im Bereich der Thorwalder Wände hat die großbankige Struktur des Gesteins die Größe der Höhle mit beeinflusst.

Urig und schön: Die Einkehr im Wirtshaus Neumannmühle lohnt sich.

Meine Wander-Variante

Wanderer, die nach Passieren der Hickelhöhle noch Lust auf mehr haben, können beim Abstieg zum Zeughaus wieder links hinauf durch die Richterschlüchte bis kurz vor die Richtergrotte gehen. Dort zweigt rechter Hand der Goldsteig ab, der auf etwa gleicher Höhe vorbei am Spitzen Horn und dem Goldstein führt, bevor man dann auf dem Roßsteig zum Zeughaus absteigt (Kombination mit Tour 12).

Über den Reitsteig zur Hickelhöhle Von der Neumannmühle geht es für Bahn- und Busfahrer genauso wie für Autofahrer zunächst auf einem breiten Schotterweg bergauf in ein bewaldetes Tal. Hier orientieren wir uns an den Wegweisern zum Zeughaus und ignorieren die Wegabzweigungen zu den Spitzsteinschlüchten und dem Hinteren Raubschloss.

Am Zeughaus angelangt, geht es noch kurz auf dem breiten Schotterweg ein Stück taleinwärts. Hier ignorieren wir neuerlich links und rechts abzweigende Wege zum Roßsteig und zum Teichstein. Dann wenden wir uns an einer weiteren Weggabelung linker Hand dem Großen Hochübelweg zu (Wegweiser »Reitsteig, Hickelhöhle«). Steil geht es nun bergauf durch den Wald, bis wir schließlich auf der Kammhöhe angelangt sind.

Hier folgen wir an einer Wegkreuzung rechts dem Reitsteig in Richtung Hickelhöhle. Dabei passieren wir zunächst einen Windbruch mit Borkenkäferbefall, dessen Bäume hier im Nationalpark sich selbst überlassen werden. Zu diesem Thema steht hier auch eine Informationstafel. Der Weg windet sich in vielen Kehren, nun weitgehend eben, durch die bewaldeten Berghänge. Dabei gibt es immer wieder kurze Ausblicke auf die Felsen- und Waldlandschaft der Hinteren Sächsischen Schweiz zu erhaschen.

Nachdem wir gut eine Stunde auf dem Reitsteig gewandert sind, führt der Weg hinunter zum Eingang der Hickelhöhle. Sollte es mal zwischendurch einen Regenschauer geben, eignet sich diese gut als Unterstellmöglichkeit, was man gut mit einer »trockenen« Brotzeit verbinden kann.

Bergab zurück zur Neumannmühle
Von der Hickelhöhle geht es auf einem Wanderweg durch die Hickelschlüchte nun wieder bergab. Dann gelangen wir auf einen breiten Schotterweg, dem wir weiter talauswärts bis zum Zeughaus folgen. Wegabzweigungen linker Hand in die Weberschlüchte und dann in die Richterschlüchte werden dabei ignoriert, es sei denn, Sie folgen der im Tippkasten angegebenen Tour über die Richterschlüchte zum Goldsteig.

Beim Zeughaus angelangt, kann man noch in der urigen Gastwirtschaft einkehren, bevor es dann auf dem bereits bekannten Hinweg wieder zurück zur Neumannmühle, unserem Ausgangspunkt, geht.

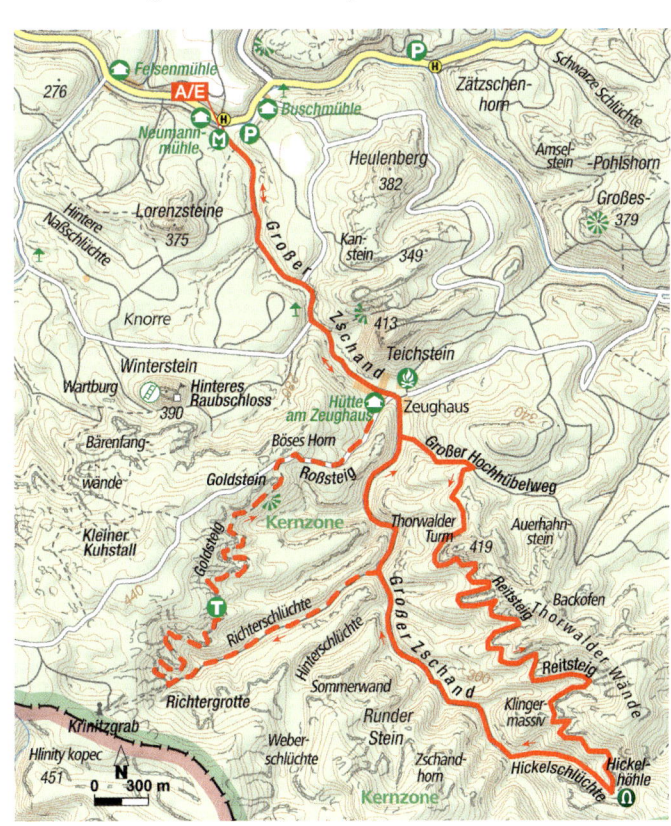

Ans Ende der Welt

Aufs Große und Kleine Pohlshorn

Mittel | 150 Hm bergauf | 170 Hm bergab | 2 Std. | 4,4 km

Tourencharakter
Wanderung auf breiten Schotterwegen, Wanderwegen und Bergpfaden

Ausgangspunkt
Bushaltestelle »Räumichtmühle« (250 m)

Endpunkt
Bushaltestelle »Zum Thorwald« (207 m)

Höchster Punkt
Kleines Pohlshorn (417 m)

Anfahrt
Mit dem Auto nicht geeignet, da Ausgangs- und Endpunkt unterschiedlich
Bus & Bahn: S1 ab Dresden Richtung Schöna oder Bad Schandau bis Bad Schandau, dann mit Bus 241 Richtung Hinterhermsdorf bis Räumichtmühle

Gehzeiten
Bushaltestelle »Räumichtmühle« – Großes Pohlshorn 1 Std. – Bushaltestelle »Zum Thorwald« 1 Std.

Beste Jahreszeit
April bis Oktober

Einkehr
Unterwegs keine

Karte
Landesvermessungsamt Sachsen, Blatt Sächsische Schweiz/Bad Schandau/Sebnitz, 1:25 000

Tourismus-Info
Hinterhermsdorf
Telefon: 035974/52 10
Website: www.hinterhermsdorf.de

Bietet das Kleine Pohlshorn vom bewaldeten Gipfel nordseitig Ausblicke, so öffnet sich vom Großen Pohlshorn der Blick auf die Hintere Sächsische Schweiz. Die knorrigen Kiefern auf den Felsriffen sind Kunstwerke der Natur.

Großes und Kleines Pohlshorn Wie am Ende der Welt fühlt man sich auf dieser Wanderung. Nur wenige Wanderer verirren sich auf diese unbekannten, liebenswerten Aussichtsgipfel, denn die meisten Wanderer zieht es auf die bekannten Aussichtsgipfel hoch über der Elbe, wie etwa zur Schrammsteinaussicht oder zum Lilienstein. Da bleibt Zeit, um die Aussicht hier an den beiden Pohlshörnern in Ruhe zu genießen. Von den beiden Gipfeln hört man von Hinterhermsdorf her die Kirchenglocken läuten, die Blätter der Buchen wiegen sich dabei im Wind. Ein schönes Ambiente, die Sinne sind hier oben gefragt.
Kleine, in den Sandstein gemeißelte Treppen verbinden auf einem Höhenpfad die Pohlshörner, genauer gesagt das Kleine und das Große

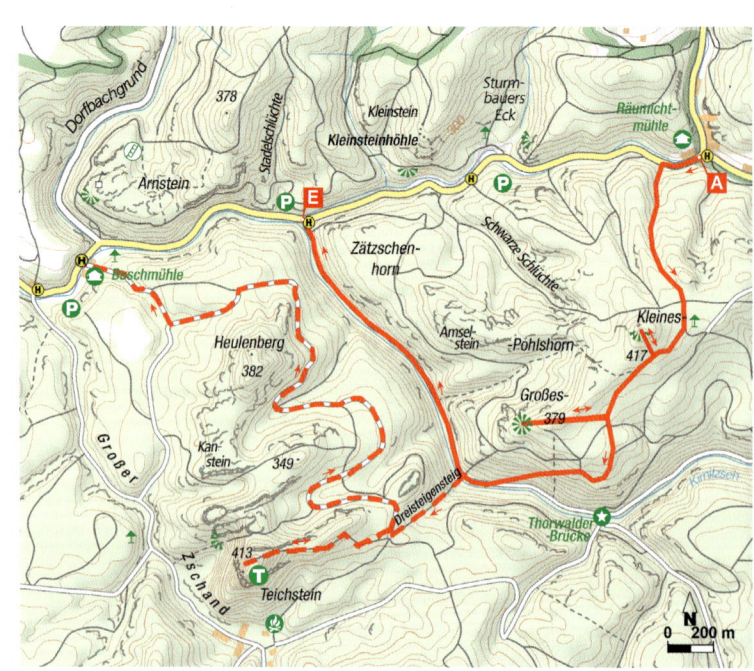

Pohlshorn. Von Letzterem geht der Blick zum nahen Teichstein (s. auch Tippkasten) sowie zum Goldstein. Und ganz im Westen erhebt sich die Waldkuppe des Großen Winterbergs.

Die Abendstimmung macht den Ausblick vom Großen Polshorn noch mal schöner.

Schön ist es auch, an der Kirnitzsch entlangzulaufen: Friedlich plätschert der Fluss dahin, Moose treiben im Wasser, Farne säumen seine Ufer – ein wirklich romantisches Bild.

Aufstieg zu den Pohlshörnern Von der Bushaltestelle »Räumichtmühle« gehen wir entgegen der Fahrtrichtung vorsichtig am Straßenrand entlang und passieren das Ortsende-Schild von Saupsdorf. Nach wenigen Metern zieht links ein kleiner Weg Richtung Großes Pohlshorn durch die Mühlschlüchte hinauf.

Wir halten uns an die grüne Markierung; auch das Schild »Malerweg« leitet uns auf dem Weg. An einer Unterstandshütte geht es dann wieder mit dem Wegweiser »Großes Pohlshorn« weiter, bis wir rechts zum Gipfel des Kleinen Pohlshorns hinaufsteigen.

Danach wandern wir wieder zum letzten Wegweiser zurück und halten uns rechts (Wegweiser »Malerweg«). Der Höhenpfad führt uns dann zum Aussichtspunkt am Großen Pohlshorn (379 m).

Meine Wander-Variante

Wer noch weiter wandern möchte, kann über den Teichstein (Trittsicherheit) zur Neumannmühle wandern. Dadurch verlängert sich die Gehzeit um ca. 1.30 Std. bei zusätzlich 220 Hm. Dazu geht es über die Kirnitzsch hinauf Richtung Zeughaus und weiter an einer Wegkreuzung zum Teichstein. Zurück wandert man wieder zu dieser Wegkreuzung und von dort weiter zur Buschmühle (s. auch bei Tour 11).

Zurück zur Kirnitzsch Vom Großen Pohlshorn geht es wieder ein kurzes Stück auf dem stufendurchsetzten Pfad zurück und dann weiter mit dem Schild »Kirnitzschtal, Zeughaus« über den gut angelegten Stufenweg bergab. Man hält sich ein kurzes Stück rechter Hand auf dem fast ebenen Weg, dann folgt man wieder dem Wegweiser über weitere Stufen hinab.

An der Kirnitzsch angelangt, geht es rechter Hand nun auf breitem Weg hinaus (Schild »Buschmühle«) und zur Bushaltestelle »Zum Thorwald«. Von hier bringt uns der Bus wieder zurück zum Ausgangspunkt.

15 Königliche Aussichten

Königsplatz und Grünstellige

● Leicht   🏔 Kaum Hm   ⏱ 1 Std. + 1 Std.   🏃 2,7 km

Tourencharakter
Wanderung auf breiten Schotter-
und Wanderwegen

Ausgangs-/Endpunkt
Bushaltestelle »Hinterhermsdorf«
370 m bzw. Wanderparkplatz
»Buchenparkhalle« (380 m)

Höchster Punkt
Königsplatz (436 m)

Anfahrt
A 17 bis Ausfahrt Pirna, über Königstein nach Bad Schandau, von
dort nach Hinterhermsdorf und zur
Buchenparkhalle
Bus & Bahn: S1 ab Dresden Richtung Schöna oder Bad Schandau
bis Bad Schandau, dann mit Bus
241 nach Hinterhermsdorf

Gehzeiten
Wanderparkplatz »Buchenparkhalle« – Königsplatz, Grünstellige
30 Min. – Wanderparkplatz »Buchenparkhalle« 30 Min. (von/bis
Bushaltestelle »Hinterhermsdorf«
zusätzlich 1 Std.)

Beste Jahreszeit
April bis Oktober, bei Schnee- und
Eisfreiheit auch ganzjährig

Einkehr
Unterwegs keine; Gasthaus Buchenparkhalle

Karte
Landesvermessungsamt Sachsen,
Blatt Sächsische Schweiz/Bad
Schandau/Sebnitz, 1:25 000

Tourismus-Info
Hinterhermsdorf
Telefon: 035974/52 10
Website: www.hinterhermsdorf.de

Seinen Namen erhielt er wohl deshalb, weil es kaum eine stimmungsvollere Aussicht gibt: Der Blick vom Königsplatz bezaubert einfach jeden, und auch der Aussichtspunkt Grünstellige begeistert mit seinem Weitblick bis nach Böhmen hinein.

Königsplatz und Grünstellige Zwar sind diese Aussichtspunkte schon auf der Tour 16 zur Oberen Schleuse erwähnt, doch für alle ganz langen Langschläfer sei die Tour dorthin auch noch einmal beschrieben, da sie deutlich kürzer ist. Beim Anmarsch zuvor könnte man irgendwo auf einer flachen Wanderung, irgendwo in den Wäldern Deutschlands sein. Umso erstaunter ist man dann, wenn man urplötzlich an den beiden Aussichtspunkten steht und weit in die Landschaft blickt.

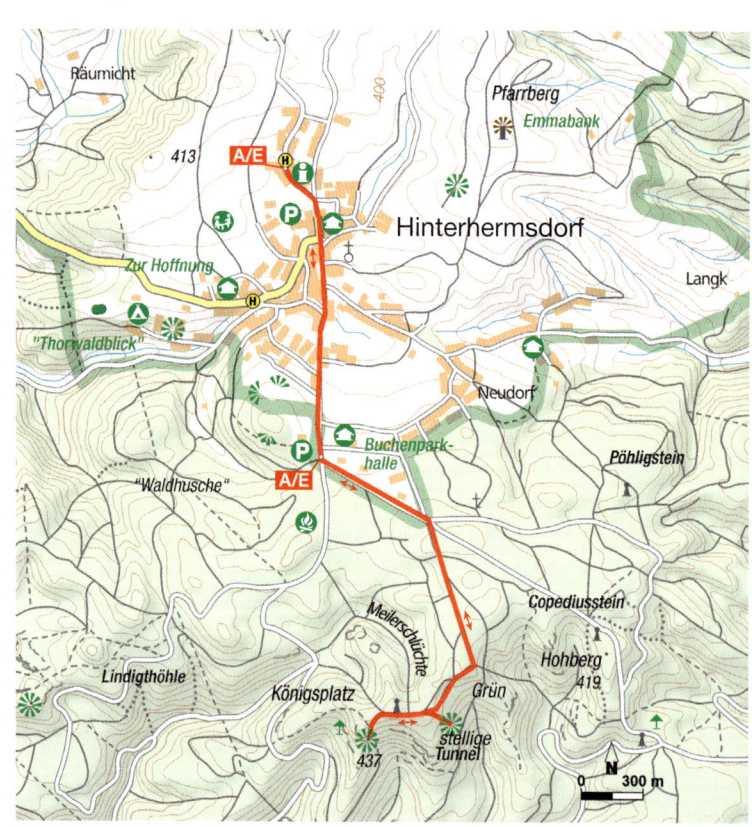

Rast am Königsplatz

Links: Schild und
Kunstobjekt zugleich

Zunächst wandert man am besten zum Aussichtspunkt Grünstellige. Hier ist es eher ruhig, und es gibt eine Bank, auf der man Rast machen kann. Ein Holzgeländer als Blickfang, darüber schweift der Blick vom Sandsteinsockel weit über die Wälder bis nach Böhmen hinein. Für diesen Platz sollte man etwas Zeit mitbringen. Danach wandert man gerade mal 250 Meter hinüber zum Königsplatz, wo eine Tafel alle umliegenden Berge der Sächsischen und der Böhmischen Schweiz erklärt.

In der Waldhusche Als eine »Husche« bezeichnete man früher eine aus Holzstämmen gebaute große Rutsche. Auf dieser »huschte« man das geschlagene Holz zu Tal. Das 66 Hektar große waldgeschichtliche Freigelände an der Buchenparkhalle wird von vier miteinander vernetzten Themenwegen mit insgesamt 40 Stationen erschlossen; Wanderer können dabei Interessantes über die Geschichte der Waldbewirtschaftung, verbunden mit natürlichen Prozessen im Wald, lernen. Besonders für Familien ist die Waldhusche geeignet, aber auch Rollstuhlfahrer können einen Teil der Wege benutzen. Ebenso werden geführte Wanderungen mit dem Nationalpark-Revierleiter angeboten (weitere Infos dazu unter www.hinterhermsdorf/ waldhusche.de).

Zu den Aussichtspunkten Busfahrer folgen in Hinterhermsdorf den Wegweisern »Königsplatz« nach rechts durch den Ort, biegen dann links in die Neudorfstraße ein und gehen weiter über die Buchenstraße bis zum Parkplatz an der Buchenparkhalle. Autofahrer können bis hierher fahren.
Alle zusammen wandern nun linker Hand auf einem breiten Schotterweg in Richtung Königsplatz, vorbei an einer Gartensiedlung. An der nächsten Wegkreuzung geht es rechts Richtung Königsplatz in den Wald und bald auf einem schmalen Wanderweg weiter. Bevor man zum Königplatz (436 m) kommt, kann man noch nach links zum Aussichtspunkt Grünstellige gehen. Der Rückweg nach Hinterhermsdorf bzw. zur Buchenparkhalle entspricht dem Hinweg.

Mein Anreise-Tipp

Man kann auch bequem mit dem Nationalparkbus 241 nach Hinterhermsdorf fahren. Werktags zweistündlich, am Wochenende stündlich verkehren die Busse ab Bad Schandau-Bahnhof bzw. auch ab Pirna und Königstein. Alle Romantiker können ab dem Lichtenhainer Wasserfall mit der Straßenbahn zurück nach Bad Schandau fahren; dort geht es durch den Ort zur Fähre, die uns zum Bahnhof bringt.

16

Romantische Kahnfahrt auf der Kirnitzsch

Über den Königsplatz zur Oberen Schleuse

Mittel   350 Hm   3.30 Std.   10,3 km
+ 1.00 Std.

Tourencharakter
Wanderung auf breiten Schotter- und Wanderwegen, steigähnliche Wege über der Kirnitzschklamm

Ausgangs-/Endpunkt
Bushaltestelle »Hinterhermsdorf« 370 m bzw. Wanderparkplatz »Buchenparkhalle« (380 m)

Höchster Punkt
Königsplatz (436 m)

Anfahrt
A 17 bis Ausfahrt Pirna, über Königstein nach Bad Schandau, von dort nach Hinterhermsdorf und zur Buchenparkhalle
Bus & Bahn: S1 ab Dresden Richtung Schöna oder Bad Schandau bis Bad Schandau, dann mit Bus 241 nach Hinterhermsdorf

Gehzeiten
Wanderparkplatz »Buchenparkhalle« – Königsplatz 30 Min. – Kirnitzschgrund 45 Min. – Bootsstation 1.30 Std. – Wanderparkplatz »Buchenparkhalle« 45 Min. (von/bis Bushaltestelle »Hinterhermsdorf« 1 Std. zusätzlich)

Beste Jahreszeit
April bis Oktober

Einkehr
Gasthaus Obere Schleuse; Gasthaus Buchenparkhalle

Karte
Landesvermessungsamt Sachsen, Blatt Sächsische Schweiz/Bad Schandau/Sebnitz, 1:25 000

Tourismus-Info
Hinterhermsdorf
Telefon: 035974/52 10
Website: www.hinterhermsdorf.de

Ein schöner Aussichtspunkt am Königsplatz, dann eine stimmmungsvolle Wanderung durch die Klamm der Kirnitzsch und als Highlight die Kahnfahrt zur Oberen Schleuse: Alles das hat diese wunderbare Tour zu bieten.

Hinterhermsdorf und der Königsplatz Hinterhermsdorf am östlichen Rand der Sächsischen Schweiz zählt zu den verschlafenen Orten in der Hinteren Sächsischen Schweiz. Rundherum liegt die tschechische Grenze, früher war hier Zonenrandgebiet. Alte Umgebindehäuser aus slawischer Zeit und eine Kirche mit einem alten Friedhof zieren den Ort, in dem die Zeit stehen geblieben zu sein scheint.

Nichts deutet zunächst bei dieser gemütlichen flachen Waldwanderung auf alpine Eindrücke hin. Plötzlich steht man dann jedoch am Aussichtspunkt Grünstellige und wird vom Blick bis hinein in die Böhmische Schweiz überrascht. Am Königsplatz dann öffnet sich die Aussicht auf das Affensteinmassiv und den Kleinen Winterberg und auf viele weitere Gipfel der Böhmischen und der Sächsischen Schweiz, die alle auf einer

Ein besonderes Spektakel ist die Bootsfahrt zur Oberen Schleuse.

Informationstafel angegeben sind. Früher befand sich hier ein Aussichtsturm, der noch weitere Ausblicke bis ins Lausitzer Gebirge ermöglichte. Eine kleine Schutzhütte steht hier heute, als Unterstand.

Ackerkunst: Luftbild von Hinterhermsdorf

Über den Tunnel zur Kirnitzsch Auf der Wanderung geht man vom Königsplatz hinunter zur Kirnitzsch durch den sogenannten Tunnel, einen Felsversturz. An der Kirnitzsch angelangt, erwartet einen, nachdem man über die Bachbrücke ans tschechische Ufer gelangt ist, noch ein Unterstand, sollte das Wetter nicht mitspielen. Dann geht es auf die deutsche Seite zurück, und man wandert an der Kirnitzsch entlang flussaufwärts. Verträumt bis romantisch, so schlängelt sich der Weg mal direkt am Ufer des Flusses entlang, mal verläuft er oberhalb der Schlucht. Besonders nach Gewittern liefert die Kirnitzschklamm mystische Bilder, wenn die Nebel über dem Schluchtwald hängen. Alte Bäume und Wurzeln verwandeln sich dann in Fabelwesen und liefern wunderbare Bildmotive. Während in der kühlen, schattigen Schlucht Farne, Flechten und Moose wachsen, trifft man auf den trockeneren und sonnigen Höhen darüber Heide und Kiefernwald an.

Kahnfahrt auf der Oberen Schleuse Absolutes Highlight dieser Tour ist die Kahnfahrt. Natürlich kann man auch oberhalb der Klamm weiterlaufen. In dieser Rich-

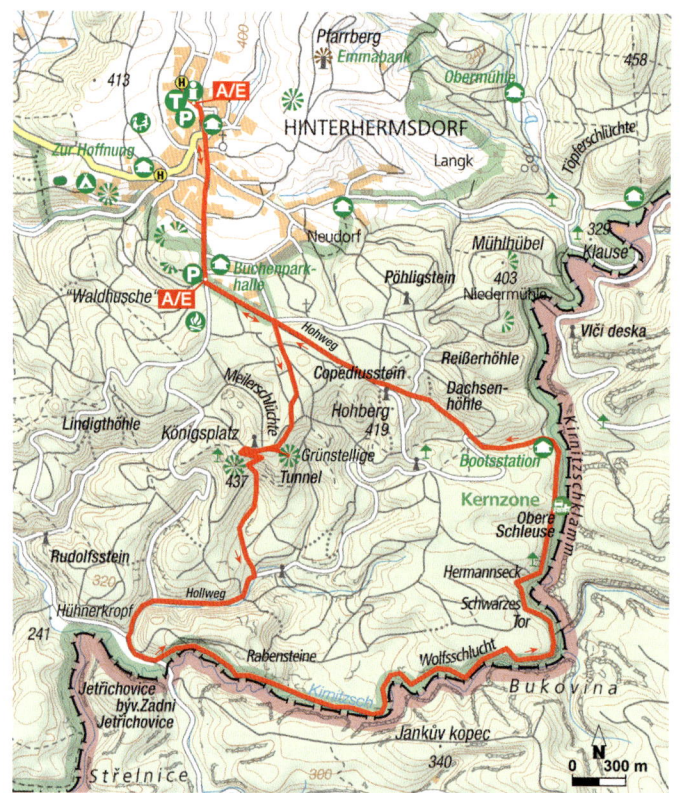

tung, flussaufwärts, fahren die wenigsten Touristen, weshalb auch kaum mit Wartezeiten zu rechnen ist.

Die Obere Schleuse staut hier das Wasser der Kirnitzsch auf einer Länge von ca. 700 Metern auf. Die Stauanlage wurde ab dem 16. Jahrhundert zur Holzflößerei genutzt, bis ins Jahr 1964. Heute werden hier zwischen Ende April und Anfang November die Kahnfahrten angeboten; auch in dieser Zeit steigt die Wassertemperatur kaum über 8 °C. In den Wintermonaten wird das Wasser dann abgelassen, und die Kirnitzsch kann in dieser Zeit in ihrem ursprünglichen Flussbett fließen.

Am Ende der romantischen Bootsfahrt kommt man zur Bootsstation. An der alten Baude strömt Rauch aus dem Kamin, die Hausmauer ist mit Fichtenrinde ausgekleidet. Hier gibt es Kaffee, Kuchen und Imbisse.

Königsplatz und Kahnfahrt Busfahrer folgen in Hinterhermsdorf den Wegweisern »Königsplatz« nach rechts durch den Ort, biegen dann links in die Neudorfstraße ein und gehen weiter über die Buchenstraße bis zum Parkplatz an der Buchenparkhalle. Autofahrer können bis hierher fahren.

Alle zusammen wandern nun linker Hand auf einem breiten Schotterweg in Richtung Königsplatz, vorbei an einer Gartensiedlung. An der nächsten Wegkreuzung geht es rechts Richtung Königsplatz in den Wald und bald auf einem schmalen Wanderweg weiter. Bevor man zum Königplatz (436 m) kommt, kann man noch nach links zum Aussichtspunkt Grünstellige gehen.

Vom Königsplatz geht es dann in Kehren auf einem Wanderpfad steil in Richtung Obere Schleuse bergab. Dabei durchschreitet man den »Tunnel«, einen Felsversturz, und läuft anschließend weiter durch den Wald bergab. Am breiten Schotterweg angelangt, wandert man nun rechter Hand weiter bergab Richtung »Obere Schleuse«. Mit diesem Wegweiser geht es auch im Talgrund dann an der Kirnitzsch entlang flussaufwärts. Über Treppen und durch einen weiteren »Tunnel« steigt man bergauf und zum Höhenweg oberhalb der Kirnitzsch. An der Oberen Schleuse geht man für die Kahnfahrt entweder hinunter zur Bootsstation oder läuft weiter auf dem Weg über der Kirnitzsch bis dorthin.

Zurück nach Hinterhermsdorf Von der Bootsstation wandert man nun hinauf Richtung »Buchenparkhalle, Hinterhermsdorf«, zunächst auf einem breiten Schotterweg, dann zweigt ein Wanderweg mit diesem Wegweiser ab, und wir laufen geradeaus bergauf durch den Wald. Wieder am breiten Schotterweg angelangt, folgen wir weiter diesem Wegweiser. Die restliche Wegstrecke zurück zur Buchenparkhalle bzw. nach Hinterhermsdorf für Busanreisende entspricht dem Hinweg für Autofahrer.

Mein Tipp für den Tourenausklang

Im Ortskern von Hinterhermsdorf stehen einige alte Umgebindehäuser. Das Haus in der Neudorfstr. 2 beherbergt ein Museum, in dem man die durchgehende Blockstubengestaltung betrachten kann. Dieses Haus liegt direkt an der Wanderroute für Bahn- bzw. Busfahrer; Autofahrer passieren es bei der Anfahrt ebenso (weitere Infos unter www.hinterhermsdorf.de).

17

Waldesrauschen hoch über der Elbe

Auf dem Elbleitenweg von Ostrau nach Schmilka

Leicht 180 Hm 2.30 Std. 7,7 km

Tourencharakter
Wanderung auf breiten Schotterwegen, nur zu Beginn auf Wanderwegen

Ausgangspunkt
Bushaltestelle und Parkplatz
»Schrammsteinbaude« 170 m

Endpunkt
Bushaltestelle »Schmilka-Grenzübergang« (130 m)

Höchster Punkt
Elbleitenweg (315 m)

Anfahrt
A 17 bis Ausfahrt Pirna, über Königstein nach Bad Schandau, dort
Richtung Schmilka und am Abzweig Ostrau bis zum Parkplatz
»Schrammsteinbaude«
Bus & Bahn: S1 ab Dresden Richtung Schöna oder Bad Schandau
bis Bad Schandau, dann mit Bus
252 Richtung Schmilka/Postelwitz
bis »Schrammsteinbaude«

Gehzeiten
Schrammsteinbaude – Abzweig
Kleine Bastei 1.45 Std. – Bushaltestelle »Schmilka-Grenzübergang«
45 Min.

Beste Jahreszeit
April bis Oktober, bei Schnee- und
Eisfreiheit auch ganzjährig

Einkehr
Unterwegs keine; mehrere Gasthöfe
und Cafés in Schmilka

Karte
Landesvermessungsamt Sachsen,
Blatt Sächsische Schweiz/Bad
Schandau/Sebnitz, 1:25 000

Tourismus-Info
Bad Schandau
Telefon: 035022/900 30
Website: www.bad-schandau.de

Der Elbleitenweg verbindet die Gegend um Ostrau mit Schmilka. Hoch über der Elbe wandert man bequem vorbei am imposanten Falkenstein und unter den Schrammsteinen und vorbei am Rauschenstein bis nach Schmilka.

Unterwegs auf dem Elbleitenweg Der bequeme Höhenweg führt hoch über der Elbe nach Süden. Gerade im Herbst leuchtet der Buchenwald in bunten Farben – schön ist es dann immer, der Sonne entgegenlaufen zu können. Unter den Felsen führen unzählige markierte Pfade zu den Klet-terrouten, immer mit einem schwarzen Pfeil gekennzeichnet – genau dorthin führt unsere Tour aber nicht. Weitgehend eben, mal vom ersten Anstieg und dem Abstieg vor Schmilka abgesehen, verläuft der breite Weg unter den Felsen und hoch über der Elbe. Zurück kann man auch mit dem Bus fahren.

Von der Schrammsteinbaude nach Schmilka Von der Haltestelle und den Parkplätzen an der Schrammsteinbaude geht man ein kurzes Stück auf

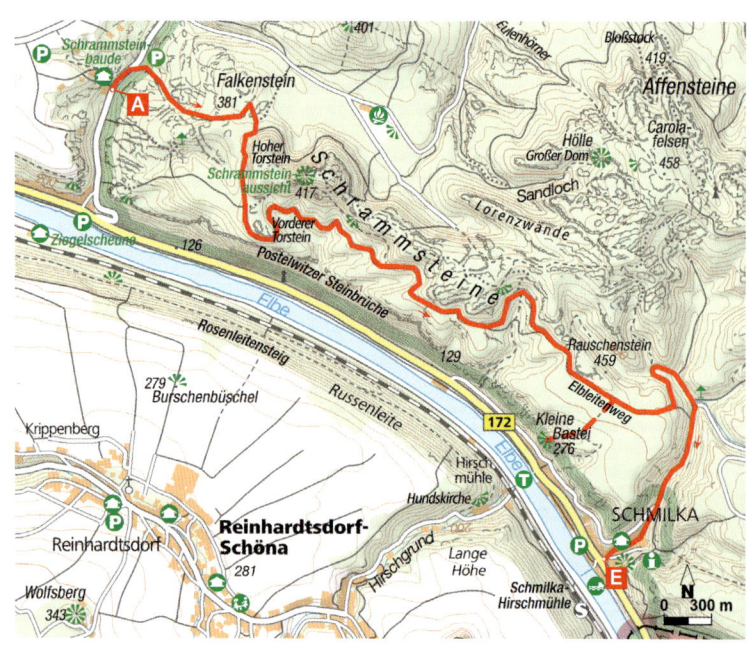

der Straße nach Ostrau bergauf. Dann folgt man dem Schild »Schießgrund, Schrammsteine« bergauf durch den Wald.

Am Felsenturm des Falkensteins wandert man rechts mit der Wegmarkierung weiter. An den nächsten beiden Gabelungen hält man sich jeweils rechts und folgt den Wegweisern »Elbleitenweg«. An diesen orientiert man sich auch in der Folge. So lässt man zunächst den Abzweig linker Hand zur Schrammsteine-Aussicht liegen. Weiter folgt man dem Elbleitenweg geradeaus, dann lässt man rechter Hand den Wegweiser »B 172 Schmilka« und anschließend zum »Jägersteig« und zur »Breiten Kluft« linker Hand liegen, indem man immer geradeaus auf dem breiten Schotterweg geht. Am Abzweig zur Kleinen Bastei (rechter Hand) geht es wieder geradeaus weiter, jetzt mit dem Schild »Wurzelweg, Großer Winterberg«. Auch am Abzweig zur Roßsteige folgt man diesem letzten Wegweiser. In einer weiten Rechtskurve windet sich der Weg Richtung Schmilka über Wurzeln hinunter.

Mein Rückreise-Tipp

Wer die Rückfahrt stimmungsvoll auf der Elbe ausklingen lassen will, der kann mit dem Schiff der Nationalparklinie nach Bad Schandau zurückfahren. Von dort geht es dann mit dem Bus 252 oder mit dem Taxi zur Schrammsteinbaude (Info zu den Fahrplänen unter www.ovps.de).

An der Hauptstraße in Schmilka angelangt, geht man rechter Hand ein Stück in Richtung Bad Schandau, bis die Bushaltestelle der Linie 252 erreicht ist, von wo uns der Bus zur Schrammsteinebaude bzw. nach Bad Schandau zurückbringt.

Natürlich kann man auch zum Ausgangspunkt zurücklaufen – dann darf die doppelte Gehzeit veranschlagt werden. Bahnfahrer können auch mit der Fähre zum Bahnhof Schmilka-Hirschmühle übersetzen und von dort mit dem Zug Richtung Dresden fahren.

Oben: Die Wanderung führt durch eine Buchenwaldidylle zwischen Ostrau und Schmilka.

Kleine Variante Die Kleine Bastei lässt sich übrigens auch in die Tour integrieren: Bis dorthin sind es vom Hauptweg ca. 15 Minuten. Dann aber sollte man wieder auf den Hauptweg zurückgehen, denn der direkte Abstieg von der Kleinen Bastei hinunter nach Schmilka ist sehr steil und kann bei Nässe auch sehr rutschig werden (s. hierzu auch bei Tour 20).

Urwüchsige Formenvielfalt

Schrammsteinaussicht und Breite Kluft

Schwer 350 Hm 4.15 Std. 7,3 km

Tourencharakter
Wanderung auf Wanderwegen und Steigen, über Stufen und Leitern sowie auf breiten Schotterwegen

Ausgangs-/Endpunkt
Bushaltestelle und Parkplatz »Schrammsteinbaude«, 170 m

Höchster Punkt
Schrammsteinaussicht (417 m)

Anfahrt
A 17 bis Ausfahrt Pirna, über Königstein nach Bad Schandau, dort Richtung Schmilka und am Abzweig Ostrau bis zum Parkplatz »Schrammsteinbaude«
Bus & Bahn: S1 ab Dresden Richtung Schöna oder Bad Schandau bis Bad Schandau, dann mit Bus 252 Richtung Schmilka/Postelwitz bis »Schrammsteinbaude«

Gehzeiten
Schrammsteinbaude – Schrammsteinaussicht 1.30 Std. – Breite Kluft 1 Std. – Schrammsteinbaude 1.45 Std.

Beste Jahreszeit
April bis Oktober

Einkehr
Schrammsteinbaude

Karte
Landesvermessungsamt Sachsen, Blatt Sächsische Schweiz/Bad Schandau/Sebnitz, 1:25 000

Tourismus-Info
Bad Schandau
Telefon: 035022/900 30
Website: www.bad-schandau.de

Spektakulär ist der Blick von der Schrammsteinaussicht zum Hohen Torstein.

Die Schrammsteinaussicht ist einer der beliebtesten Aussichtsfelsen. Die Ausblicke über die Elbe sind hinreißend, und die abenteuerlichen Stufen- und Leiternwege begeistern auf dieser außergewöhnlichen Tour ebenfalls.

Impressionen von der Schrammstein-Runde Nachdem man durch den Schießgrund aufgestiegen ist, wird die imposante Felsnadel des Falkensteins passiert, und schon hat man das erste Fotomotiv. Dann geht es ein

kurzes Stück auf dem Elbleitenweg weiter, wobei man den Schrammsteinen immer näher kommt. Imposant ist der Aufstieg durch die schmalen Felsschlüchte und über kurze Leitern – Einbahnstraßenverkehr ist hier deshalb angesagt. Oben auf der Schrammsteinaussicht angekommen, öffnet sich ein einmaliges Panorama: Direkt vor uns bilden der alleinstehende Falkenstein, der Hohe Torstein und das Schrammtor eine eindrucksvolle Felskulisse. Imposant ist auch der Weg über den Schrammsteingrat, der über viele Stufen verläuft. Beim Abstieg kann man auf dieser wirklich aussichtsreichen Runde die Felsszenerie noch einmal von unten bewundern. Auf dem Elbleitenweg findet die Wanderung dann einen stimmungsvollen und ruhigen Ausklang.

Auf die Schrammsteine Die lang gestreckte, sehr zerklüftete und markante Fels-
gruppe liegt östlich von Bad Schandau. Die Schrammsteinaussicht ist mit gut
417 Metern der höchste Punkt der Schrammsteinkette. Hier befindet man sich in
den Vorderen Schrammsteinen, während sich Richtung Schmilka dann die Hinteren
Schrammsteine anschließen. Viele unterschiedlich schwere Wanderwege sowie
zahlreiche Kletterrouten ziehen sich durch das Felsmassiv.

Einst stand die Burgwarte Schramensteyn auf dem Vorderen Torstein. Sie war für
die Herrschaft Wildenstein ein Beobachtungsstand über dem Elbtal. Im Jahr

1451 ging die Herrschaft dann an das Kurfürsten-
tum Sachsen über, und 1456 wurde die Burgwarte
auf dem Vorderen Torstein bereits als verfallen angegeben. Erst 1993 wurden hier die Reste einer Herd-
stelle mit Holzkohle- sowie Keramikresten und eine
Pfeilspitze entdeckt.

Von der Haltestelle und den Parkplätzen an der
Schrammsteinbaude geht man ein kurzes Stück auf
der Straße nach Ostrau bergauf. Dann folgt man dem
Schild »Schießgrund, Schrammsteine« bergauf durch
den Wald. Am Felsenturm des Falkensteins wandert
man rechts mit der Wegmarkierung, und an den nächsten beiden Gabelungen bleibt man jeweils rechts
(»Elbleitenweg«). Wenig später geht es linker Hand hinauf Richtung Schrammsteinaussicht und dann an der
nächsten Weggabelung erneut nach links. Durch enge Schlüchte und über eine Leiter, gefolgt von Eisentreppen, geht es hinauf zum Gipfel der Schrammsteinaussicht.
Hier sollte man sich Zeit nehmen für die wunderbare Aussicht.

Sächsische Berg-
melancholie: Die
Schrammsteine
glänzen im Abendlicht.

Mein Tipp für den Tourenausklang

Nach der Tour empfiehlt sich eine Einkehr in
der Schrammsteinbaude (www.schramm-
steinbaude.de) direkt am Ausgangspunkt. In
der Küche werden Bioprodukte, regionale
Erzeugnisse sowie fair gehandelte Waren ver-
arbeitet, und man kann hier auch gemütlich
übernachten, um z. B. dann am nächsten Tag
die Tour 17 auf dem Elbleitenweg zu unternehmen.

Schrammsteingrat und Breite Kluft Nun steigt man die erste Eisenstiege wieder hinab, wendet sich dann aber südwärts dem Schrammsteine-Gratweg zu. Über Eisentreppen steigen wir steil bergab, auch über einige Felsstufen mit Eisenklammern, dann geht es wieder hinauf. Nun verläuft der Weg auf etwa gleicher Höhe durch den Wald.

Dann nimmt man den Abzweig rechter Hand hinunter Richtung Breite Kluft; Stiegen führen hier steil bergab. Der Elbleitenweg wird gekreuzt, dem man nun rechter Hand in nördlicher Richtung folgt. Der breite Schotterweg führt etwa auf gleicher Höhe unterhalb der Schrammsteine durch den Buchenwald.

So folgt man dem Elbleitenweg weiter, bis man wieder an der Wegkreuzung, an der es zur Schrammsteinaussicht geht, angelangt ist. Hier folgt man der Aufstiegsroute noch ein Stück auf dem Elbleitenweg weiter, bis man dann linker Hand über den Schießgrund bergab zur Schrammsteinbaude wandert, wo die abwechslungs- und aussichtsreiche Rundwanderung ihr Ende findet.

Weiter nach Bad Schandau Wer von den Bahnfahrern direkt nach Bad Schandau wandern möchte – weil sich vielleicht gerade keine passende Busverbindung anbietet –, der wandert von der Schrammsteinbaude an der Gegenseite des Talgrunds wieder hinauf und durch das Klüftel bis nach Ostrau. In Ostrau läuft man dann in nordwestlicher Richtung durch den Ort und kommt so an den Elbhang, wo man sich Richtung »Bad Schandau« und zum »Personenaufzug« hält, mit dem man in die Stadt hinunterfährt. Rechter Hand läuft man dann über die Hauptstraße oder geht an der Elbpromenade vorbei zur Toskana-Therme und weiter bis in die Ortsmitte von Bad Schandau. Mit der Fähre setzt man dann zum Bahnhof von Bad Schandau über, von wo aus man die Heimreise antritt. Man kann vom Personenaufzug auch direkt über den Promenadenweg bis nach Bad Schandau absteigen.

Für alle, die zwar den Bus verpasst haben, aber nicht nach Bad Schandau weiterlaufen wollen, sei die Schrammsteinbaude für eine Übernachtung empfohlen – auch kulinarisch sind Sie hier bestens versorgt (s. auch Tippkasten, S. 73).

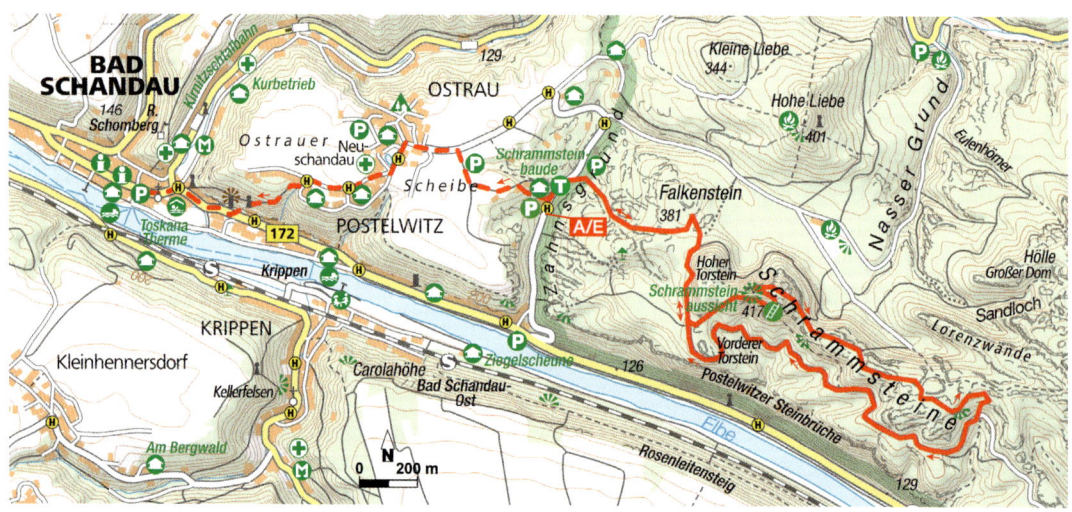

19

Durch die Wilde Hölle

Traumausblick vom Carolafelsen

Schwer 360 Hm 3 Std. 6,2 km

Tourencharakter
Zunächst auf breitem Schotterweg, dann auf Wanderwegen sowie über Leitern- und Stufenstiegen

Ausgangs-/Endpunkt
Straßenbahn-/Bushaltestelle und Wanderparkplatz »Nasser Grund«

Höchster Punkt
Carolafelsen (458 m)

Anfahrt
A 17 bis Ausfahrt Pirna, über Königstein nach Bad Schandau, von dort Richtung Hinterhermsdorf und durchs Kirnitzschtal zum Wanderparkplatz »Nasser Grund«
Bus & Bahn: S1 ab Dresden Richtung Schöna oder Bad Schandau bis Bad Schandau, dann mit Bus 241 Richtung Hinterhermsdorf bis Haltestelle »Nasser Grund«; oder mit der Straßenbahn ab Bad Schandau

Gehzeiten
Nasser Grund – Carolafelsen 1.15 Std. – Zurückestiege 30 Min. – Nasser Grund 1.15 Std.

Beste Jahreszeit
April bis Oktober

Einkehr
Unterwegs keine

Karte
Landesvermessungsamt Sachsen, Blatt Sächsische Schweiz/Bad Schandau/Sebnitz, 1:25 000

Tourismus-Info
Bad Schandau
Telefon: 035022/900 30
Website: www.bad-schandau.de

Waren Sie schon mal in der Wilden Hölle? Auf der Tour durch diese Felsenschlucht geht es über Leitern und Stufen hinauf zum aussichtsreichen Carolafelsen. Die Zurückestiege ist ein weiteres Highlight.

Nasser Grund und Wilde Hölle Der Nasse Grund ist ein wirklich idyllischer Ausgangspunkt – hier zieht die Kirnitzsch ihre Schleifen durch die Feuchtwiesen. Der Name »Nasser Grund« macht hier seinem Namen alle Ehre, denn nur wenige Stunden am Tag wird das Tal an dieser Stelle selbst im Sommer von der Sonne verwöhnt. Da passt die alte Kirnitzschtalbahn ins Bild, wenn sie um die Kurven hinauf zum Lichtenhainer Wasserfall schrammt – im ganzen Tal ist ihr Quietschen zu hören.

Durch mystische Wälder, umgeben von abenteuerlichen Felsenburgen, zieht der Weg dann hinauf zur Wilden Hölle, wo wildromantische, abenteuerliche Stiegen durch eine dunkle und grüne Schlucht führen. Über Steinstufen und Tritteisen geht es hinauf, und da und dort braucht man auch mal seine Hände zum Fortkommen. Eine eindrucksvolle Szenerie,

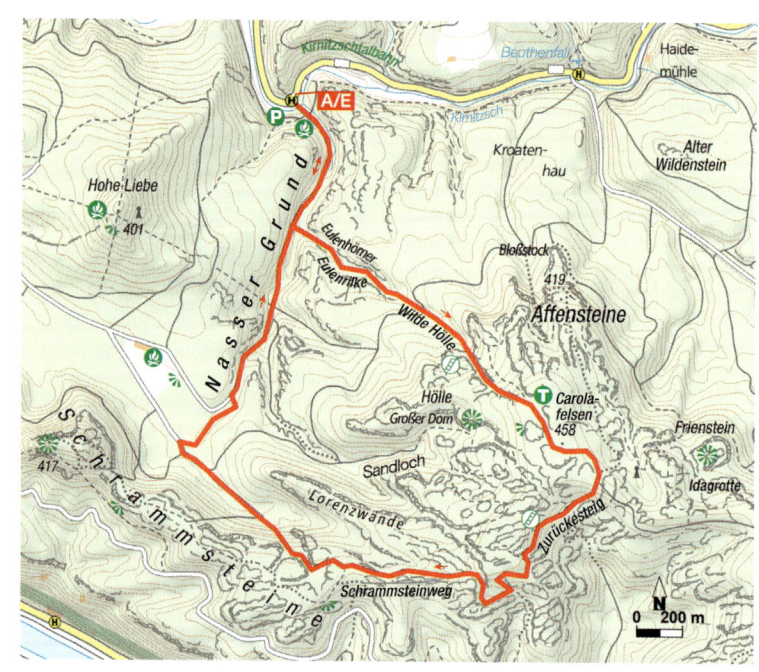

die selbst an sonnigen Tagen noch gespenstisch dunkel wirkt. Klar, dass mit diesem Anstieg der Weg in die Kategorie »schwer« fällt. Rutschfeste Profilgummisohlen gehören deshalb zur Pflichtausrüstung auf dieser Tour. Für erfahrene Bergsteiger wird dieser Abschnitt der Wanderung bestimmt zu einem besonderen Erlebnis.

Ein Platz für Maler und alle, die es werden wollen: auf dem Carolafelsen

Carolafelsen und Zurückestiege Wenn sich der Wald etwas lichtet, kommen wir auch aus dem Tal heraus und erreichen den Aussichtspunkt am Carolafelsen. Die Schrammsteine, der Falkenstein und aus der Ferne der Lilienstein grüßen herüber und bilden zusammen mit den bizarren Carolafelsen und den bonsaiartigen Birken ein Bildmotiv, das Maler nicht besser hätten kreieren können. Kaum ein anderer Aussichtspunkt gibt das Stimmungsbild der Sächsischen Schweiz besser wieder. Immerhin misst dieser Aussichtsfelsen stattliche 458 Meter. Er ist nach Sachsens letzter Königin Carola von Wasa-Holstein-Gottorp benannt. Sie war die Gemahlin von König Albert I. und die einzige Tochter des

Mein persönlicher Tipp

Machen Sie es wie Caspar David Friedrich und malen Sie Ihr eigenes Bild vom Elbsandstein. Am Carolafelsen finden Sie sicher ein passendes Motiv. Auch wenn dieser Ort beliebt ist, Platz gibt es hier oben genug, wo Sie in Ruhe malen können. Wie wäre es denn mit den knorrigen Birken neben dem Aussichtsfelsen und den Schrammsteinen, umrahmt von mystischen Nebelschwaden?

ehemaligen Kronprinzen von Schweden, Prinz Gustav von Wasa (1799–1877) und seiner Gemahlin Prinzessin Luise von Baden (1811–1854).

Linke Seite: Jeder Platz auf dem Carolafelsen schenkt schöne Bildmotive.

Vom Carolafelsen geht es auch schon zum nächsten Highlight dieser Wanderung, der Zurückestiege. Etwas Eisen in Form von Haltegriffen und Metalltreppen ist auch hier nötig, um durch die pilzartig wirkenden Felsen zu steigen. Bei diesen bizarren Formen des Sandsteins kommt ein wenig Grand-Canyon-Feeling auf. Dann geht es bergab und vorbei an den Lorenzwänden zurück in den Nassen Grund, unserem Ausgangs- und Endpunkt.

Geschafft: am Straßenbahnhalt »Nasser Grund«

Aufstieg zum Carolafelsen Von der Straßenbahn- und Bushaltestelle im Nassen Grund läuft man mit größter Vorsicht ein Stück auf der Straße entgegen der Fahrtrichtung (Achtung auf Gegenverkehr, auch durch die Straßenbahn – einen Fußweg gibt es hier nicht!). Dann gehen wir über den Wanderparkplatz, dem Ausgangspunkt und Endpunkt für die Autofahrer, und überqueren anschließend die Kirnitzsch.

Auf einem breiten Schotterweg geht es mit dem Wegweiser »Anschluss Winterberg, Schrammsteinaussicht« ins Tal des Nassen Grund. Wenig später zweigt linker Hand unser Wanderweg ab (Schild »Carolafelsen, Wilde Hölle«). Durch den dunklen Wald wandern wir bergauf, umgeben von wilden Felsformationen.

An der nächsten Wegkreuzung folgen wir dem Wegweiser »Carolafelsen, Wilde Hölle« geradeaus. Es geht nun über Stufen, Leitern und Eisenklammern hinauf durch die Felsenschlucht der Wilden Hölle.

An der nächsten Weggabelung ignorieren wir den Abzweig »Schrammsteine« rechter Hand und gehen weiter geradeaus (Schild »Carolafelsen«). Dann zweigt unser Weg nach rechts ab (Schild »Aussichtspunkt Carolafelsen«) und führt über Stufen hinauf. Nach nur wenigen Metern sind wir am Carolafelsen angelangt. Hier empfiehlt es sich, eine ausgiebige Pause zu machen. Auf dem weitläufigen Aussichtsfelsen dürfte auch bei größerem Andrang jeder seinen Platz finden.

Abstieg in den Nassen Grund Nun geht es wieder die Stufen zurück, dann folgt man an der Abzweigung dem Wanderweg nach rechts (ohne Beschilderung) ein Stück bergauf. Anschließend geht es mit dem Wegweiser »Schrammsteine, Ostrau« nach rechts, und an der darauffolgenden Wegkreuzung laufen wir geradeaus (Schild »Zurückestiege, Schrammsteine«).

Nach der Stiege wandern wir links Richtung »Schrammsteine, Ostrau« und folgen später dem Schild »Nasser Grund« bergab. Dann halten wir uns links zur Schrammsteinaussicht und wandern nun auf einem breiten Schotterweg weiter.

Anschließend zweigen wir rechts wieder auf einen Wanderweg ab und folgen dem Schild »Nasser Grund«, bald wieder auf breiteren Wegen, zurück zu unserem Ausgangspunkt.

Kleiner Felsen, große Aussicht

Die Kleine Bastei über der Elbe bei Schmilka

Mittel   200 Hm   2 Std.   4,0 km

Tourencharakter
Wanderung auf steigähnlichen Wegen, nur kurzzeitig breite Wege

Ausgangs-/Endpunkt
Bahn: Bahnhof Schmilka-Hirschmühle
Pkw: Parkplatz Grenzübergang Schmilka

Höchster Aussichtspunkt
Kleine Bastei (276 m)

Anfahrt
A 17 bis Ausfahrt Pirna, über Königstein und Bad Schandau nach Schmilka und dort in Nähe des Fähranlegers elbseitig parken
Bus & Bahn: S1 ab Dresden Richtung Schöna bis Bahnhof Schmilka und mit der Fähre zum Parkplatz hin übersetzen

Gehzeiten
Ab Fähre und Parkplatz Schmilka - Kleine Bastei 1 Std., bis Schmilka Fähre über Roßsteige 1 Std.

Beste Jahreszeit
April bis Oktober

Einkehr
Unterwegs keine; mehrere Cafés und Restaurants in Schmilka

Karte
Landesvermessungsamt Sachsen, Blatt Sächsische Schweiz/Bad Schandau/Sebnitz, 1:25 000

Tourismus-Info
Bad-Schandau
Telefon: 035022/900 30
Website: www.bad-schandau.de

Die Kleine Bastei hat mit der Großen etwas gemeinsam, nämlich traumhafte Tiefblicke auf die Elbe, die fast senkrecht unter uns liegt. Der Unterschied ist, dass es weitaus weniger Wanderer hier heraufzieht.

Die Kleine Bastei Etwas unscheinbar erhebt sich die Kleine Bastei über Schmilka (nicht zu verwechseln ist sie mit der Kleinen Bastei oberhalb von Krippen). Ein liebenswertes Mauerblümchen zu sein, hat auch Vorteile – nur wenige Wanderer steigen hier hinauf, obwohl die Aussicht von hier oben derjenigen von der Großen Bastei in nichts nachsteht: Ruhig zieht die Elbe nordwärts nach Bad Schandau, rechter Hand ragen die steilen Schrammsteine auf. Die Schaufelraddampfer erfüllen mit ihrem Pfeifen das Elbtal. Ein schönes Bild, für das man sich hier oben auch Zeit nehmen sollte. Mit etwas Glück können Sie in Ruhe auf der Aussichtsbank den Elbblick genießen, hoch über Schmilka.

Von Schmilka zur Kleinen Bastei Bahnfahrer setzen mit der Fähre von Schmilka-Hirschmühle nach Schmilka über. Hier folgen wir dem Elb-

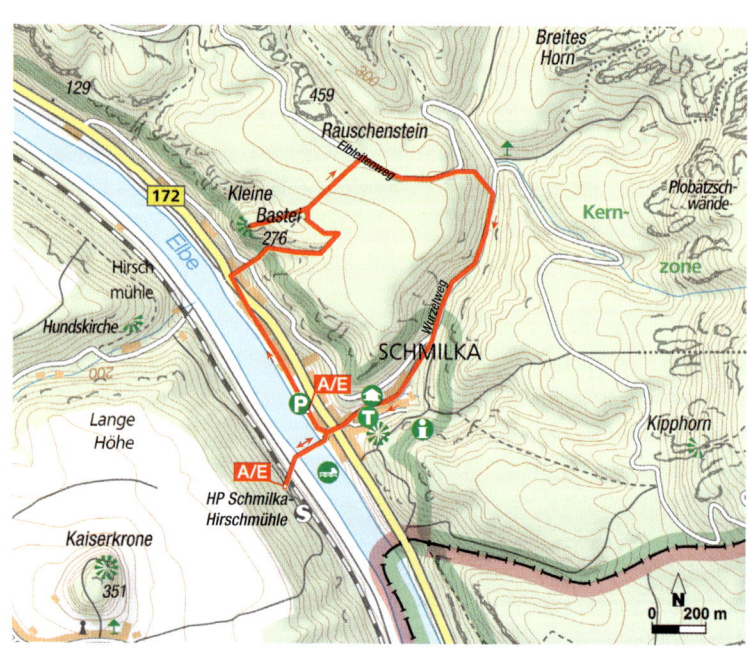

uferweg nordwärts in Richtung Bad Schandau/Postelwitz; auf diesen Weg stoßen auch die Autofahrer vom Parkplatz in Schmilka. Wo der Fußweg auf die Hauptstraße trifft, gehen wir noch wenige Meter an ihr weiter, überqueren die Straße dann und steigen rechter Hand schließlich steil über viele Stufen hinauf (Schild »Kleine Bastei, Kahntilke«).

Nun geht es kurzzeitig auf einem breiten Schotterweg nach rechts und mit dem Wegweiser »Kahntilke« weiter. Nach wenigen Metern wenden wir uns gleich wieder nach links und folgen dem Schild »Kleine Bastei, Breite Kluft«. Steil führt der Weg nun wieder über Stufen durch den Wald hinauf. Am Ende des Anstiegs hält man sich schließlich linker Hand und gelangt so zum Aussichtspunkt der Kleinen Bastei.

Abstieg nach Schmilka Nachdem wir die Aussicht genossen haben, geht es nur wenige Meter zurück, dann halten wir uns links und folgen dem Schild »Elbleitenweg, Breite Kluft«. Leicht bergauf wandern wir durch den Wald.

An einem breiten Schotterweg angelangt, folgen wir nun den Wegweisern »Wurzelweg, Zeughaus, Winterberg« nach rechts. Am nächsten Abzweig geht es dann wieder auf einem steigähnlichen Wanderweg rechts hinunter (Schild »Roßsteige Schmilka«). Am Ende der Roßsteige stoßen wir auf einen breiten Schotterweg, den Wurzelweg, dem wir nach rechts hinunter Richtung Schmilka folgen, bis zu unserem Ausgangspunkt.

In Schmilka sollte man sich noch Zeit nehmen für einen Bummel durch die Gassen und vielleicht auch noch zum Abschluss einen Kaffee in der Schmilkaer Mühle trinken (s. Tippkasten oben).

Mein Tipp für den Tourenausklang

Die Schmilkaer Mühle liegt direkt am Wanderweg. Schauen Sie dem Bäcker doch einmal über die Schulter – Bio-Korn wird hier zu feinstem Mehl gemahlen –, und genießen Sie dann das knusprig-frische Mühlenbrot oder eines der wagenradgroßen Kuchenstücke. Es werden auch Führungen durch die historische Mühle angeboten (www.muehle-schmilka.de).

Der schönste Elbblick im Sandstein

Hoch über Schmilka auf dem Kipphorn

Schwer   430 Hm   3.30 Std.   9,5 km

Tourencharakter
Wanderung auf steigähnlichen Wegen, über Eisentreppen auf der Heiligen Stiege, nur kurzzeitig auf breiten Wegen

Ausgangs-/Endpunkt
Bahn: Bahnhof Schmilka-Hirschmühle
Pkw: Parkplatz Grenzübergang Schmilka

Höchster Punkt
Großer Winterberg (556 m; Aussichtsturm)

Anfahrt
A 17 bis Ausfahrt Pirna und über Königstein und Bad Schandau nach Schmilka, dort in der Nähe des Fähranlegers elbseitig parken.
Bus & Bahn: S1 ab Dresden Richtung Schöna bis Schmilka und mit der Fähre zum Parkplatz in Schmilka übersetzen.

Gehzeiten
Parkplatz Schmilka – Wenzelwand 1.30 Std. – Großer Winterberg 45 Min. – Kipphorn 15 Min. – Schmilka 1 Std.

Beste Jahreszeit
April bis Oktober

Einkehr
Imbiss Großer Winterberg, bestimmte Öffnungszeiten; mehrere Cafés und Restaurants in Schmilka

Karte
Landesvermessungsamt Sachsen, Blatt Sächsische Schweiz/Bad Schandau/Sebnitz, 1:25 000

Tourismus-Info
Bad Schandau
Telefon: 035022/900 30
Website: www.bad-schandau.de

Die spannende Tour bietet vier Aussichtspunkte: nach einem spektakulären Aufstieg über die Eisentreppen an der Heiligen Stiege, dann an der Wenzelwand, am Aussichtsturm des Großen Winterbergs sowie am Kipphorn.

Tour der Superlative Von Schmilka steigen wir spektakulär hinauf zum Kipphorn (480 m) – selten habe ich einen schöneren Ausblick gesehen: Die Elbe liegt hinter Hřensko bereits auf tschechischem Terrain im Tal von der anderen Elbseite grüßen die Kaiserkrone und der Zirkelstein. Vom Aussichtsturm am Großen Winterberg kann man das große Panorama der Hinteren Sächsischen Schweiz bewundern. Von der Wenzelwand blickt man auf die Elbbiegung bei Hřensko, und an der Heiligen Stiege befindet man sich mitten im Felsenzirkus des Sandsteins.
Hinweis: Gehen Sie bitte unbedingt auf der beschriebenen Aufstiegsroute über die Heilige Stiege hinauf, denn der Abstieg dort hinunter kann beschwerlich und nach Regen auch gefährlich sein!

Die Rundwanderung Bahnreisende starten in der Ortsmitte nahe der Fähre am Haus Tusnelda und laufen durch Schmilka hinauf (Wegweiser »Heilige Stiege«, später noch »Heringsgrund«). Autofahrer gehen am Elbufer flussaufwärts dorthin. Dabei werden die Abzweige Roßsteige, Elbleitenweg und Wurzelweg passiert.

Im Heringsgrund geht es dann über die Eisenstufen der Heiligen Stiege hinauf. Auf der Anhöhe halten wir uns nun an den Wegweiser »Großer Winterberg« nach rechts. Der Abzweig zur Wilden Hölle wird passiert, dann kommt man zum lohnenden Aussichtspunkt Wenzelwand (442 m) .

Wir wandern weiter Richtung »Großer Winterberg« und passieren im Folgenden die Abzweige Lahnsteig und Wurzelweg, bevor wir an der nächsten Wegkreuzung die letzten Meter hinauf zum ehemaligen Gasthaus Winterberg mit seinem Aussichtsturm (556 m) gehen.

Von dort wandern wir bequem auf der Winterbergstraße zur Kipphornaussicht. Der Abzweig dorthin, nur wenige Meter vom Hauptweg entfernt, ist entsprechend beschildert.

Danach geht's auf der nun geteerten Winterbergstraße in vielen Kehren und in unmittelbarer Nähe zur tschechischen Grenze bergab. Nach drei Straßenkehren wenden wir uns nach links und wandern über den Erlgrund hinunter nach Schmilka, nun wieder auf einem steigähnlichen Wanderweg, der vor Schmilka auch recht steil wird. Im Ort angelangt, laufen wir wie am Hinweg zurück zu unseren Ausgangspunkten.

Blick vom Kipphorn über das Elbtal

CHRÁNĚNÁ KRAJINNÁ OBLAST
LABSKÉ PÍSKOVCE

Böhmische Schweiz

Die Böhmische Schweiz ist geprägt von spektakulären Naturdenkmälern aus Sandstein und einem ganz eigenen östlichen Charme, wie am Prebischtorhaus (l. o.), der Landschaft bei Jetřichovice (l. u.), am Schauenstein (Schild) (r. o.) und in der Edmundsklamm (r. u.).

Wilde Schlucht-Romantik

Edmundsklamm und Wilde Klamm

| Mittel | 170 Hm | 3.30 Std. + 1 Std. | 11,2 km |

Tourencharakter
Wanderung auf gut ausgebauten Wegen, zwischen Rainwiese und Stimmersdorf auf einer Nebenstraße

Ausgangs-/Endpunkt
Wanderparkplatz Hřensko 125 m am Eingang der Edmundsklamm bzw. für Bahnfahrer Fähranlegestelle Hřensko (120 m)

Höchster Punkt
Stimmersdorf (292 m)

Anfahrt
A 17 bis Ausfahrt Pirna und über Königstein und Bad Schandau nach Hřensko und zum Eingang der Edmundsklamm
Bus & Bahn: S1 ab Dresden bis Schöna, dann mit der Fähre nach Hřensko; Ausweis erforderlich

Gehzeiten
Parkplatz Edmundsklamm – Beginn Kahnfahrt Edmundsklamm 30 Min. – bis Kahnfahrt Wilde Klamm 30 Min. – Mezní Louka (Rainwiese) 1 Std. – bis Kahnfahrt Edmundsklamm 1 Std. – Parkplatz Edmundsklamm 30 Min. (von/bis Fähre Hřensko (Herrnskretschen) zum Parkplatz Edmundsklamm 1 Std. zusätzlich)

Beste Jahreszeit
April bis Anfang November

Einkehr
Mehrere Gasthöfe in Mezní Louka (Rainwiese) und Mezná (Stimmersdorf)

Karte
Landesvermessungsamt Sachsen, Blatt Sächsische Schweiz/Bad Schandau/Sebnitz, 1:25 000

Tourismus-Info
Bad Schandau
Telefon: 035022/900 30
Website: www.bad-schandau.dee

Diese Tour führt uns nach Böhmen – das merken wir daran, wenn uns der Bootsführer mit seinem wunderbaren tschechischen Humor die »Eskimorolle« anbietet und den Gorillafelsen als den »Kopf von Breschnew« bezeichnet.

Edmundsklamm und Wilde Klamm Die beliebte Tour führt durch zwei Klammen, die jeweils an ihren Engstellen nur mit dem Kahn zu befahren sind, was diese Wanderung besonders romantisch macht. Zunächst geht es durch die Edmundsklamm, auch als Stille Klamm bekannt. Infolge der klimatischen Inversion innerhalb der Klamm sind hier submontane Pflanzen, wie z. B. das Zweiblütige Veilchen, zu sehen – und das auf einer Meereshöhe von 150 Metern. Besonders seltene Vogelarten fühlen sich hier am Wasser wohl, wie der Eisvogel und die Gebirgsstelze.

Im weiteren Verlauf erreicht man die Wilde Klamm, die an ihrer Engstelle wiederum nur mit einem Kahn zu durchqueren ist, bevor man dann nach Mezní Louka aufsteigt.

Die Kahnfahrten sind in beiden Richtungen in zwei Etappen – durch die Edmundsklamm und die Wilde Klamm – möglich. Mit den fast senkrecht abbrechenden 50–100 Meter hohen Felsen kommt hierbei Canyon-Feeling auf. Viele Felsen haben interessante Namen wie z. B. »Familie« oder »Krokodil«. Dabei ist so manche Erklärung des Bootsführers hinsichtlich der Namensgebung nicht so ganz ernst zu nehmen, denn der Kahnführer hat seinen ganz eigenen tschechischen Humor. Beispielsweise wenn er auf die zahlreichen Felszacken deutet und dabei meint: »Das ist eine Familie mit Ivanka, Kalamanka, Danka …« Für die Fahrt stößt sich der Bootsführer mit Stange vom Grund des Flussbodens ab und treibt so den Kahn an, wie schon zu früheren Zeiten. Knapp einen Kilometer ist die enge Durchfahrtstelle der Edmundsklamm lang, bei einer etwa 20-minütigen Fahrzeit; die Wilde Klamm misst an ihrer Engstelle etwa 450 Meter, und hier dauert die Fahrt etwa eine Viertelstunde.

In Hřensko Der deutsche Name des Ausgangspunkts ist Herrnskretschen. Er liegt ganz im Norden Tschechiens, die Grenze zu Deutschland ist nah. Hier fließt die Kamenice (deutsch: Kamnitz) in die Elbe. Aufgrund seiner geologischen Lage ist Hřensko mit gerade mal 112,5 Metern Höhe der am tiefsten gelegene Ort in Tschechien. Erstmals erwähnt

wurde er 1475. Immer wieder kam es im Ort zu Schäden durch Hochwasser oder durch Felsstürze der Sandsteinfelsen, die sich direkt über Hřensko erheben. Holzhandel, Steinbrüche und eine Flößerei sorgten für die wirtschaftliche Entwicklung des Orts. Wenn man hier mit der Fähre ankommt und durch die Ladenstraße vietnamesischer Geschäfte geht, kann man sich nur schwer vorstellen, dass man wenig später auf ein wahres Naturjuwel trifft. Aber genau diese Gegensätze charakterisieren Böhmen.

Zur Fuß und per Kahn Bahnfahrer überqueren in Schöna, dem Endbahnhof der S1, die Elbe mit der Fähre hinüber zum tschechischen Hřensko. Von dort geht es dann über die Ladenstraße und später neben der Straße vorbei an einigen Hotels zum Eingang der Schlucht, wo sich der Ausgangspunkt für Autofahrer befindet. Alle zusammen wandern wir nun Richtung Osten entlang der Kamenice und gelangen so durch ein paar kleine Tunnel zum Bootsanleger. Die Schlucht ist hier so eng, dass es jetzt nur noch mit dem Kahn weitergeht. Zu beiden Seiten fallen die Felswände steil ab, ein Weitergehen ist hier nicht möglich.

Nach der Kahnfahrt wandern wir wieder zu Fuß weiter durch die Edmundsklamm, vorbei an einem SB-Restaurant. Dann ignorieren wir den Abzweig links hinauf nach Mezná (Stimmersdorf) und folgen dem Schluchtweg weiter nach Osten bis in die Wilde Klamm. Wieder

Wie aus dem Märchen zeigt sich der Felsenzirkus der Edmundsklamm.

Meine Wander-Variante

Die Tour ist auch ab Mezní Louka mit der Höhenwanderung zum Prebischtor kombinierbar (s. Tour 23). Der Abstieg erfolgt dann vom Prebischtorhaus hinunter Richtung Hřensko bis zur Bushaltestelle und weiter entlang der Straße bis nach Hřensko, unserem Ausgangspunkt.

Rechte Seite: Romantischer geht's kaum bei der Tour durch die Edmundsklamm.

geht es mit dem Kahn auf einer kurzen, nicht begehbaren Strecke durch eine Schlucht. Anschließend begibt man sich wieder auf Schusters Rappen weiter durch die Klamm, bis linker Hand der Weg nach Mezní Louka (Rainwiese) abzweigt. Leicht bergauf wandern wir nun an einem Bach durch den Wald. An der nächsten Abzweigung halten wir uns wieder links mit Wegweiser »Mezní Louka« und erreichen durch den Wald ansteigend Mezní Louka. Hier bieten sich einige Einkehrmöglichkeiten an.

Zurück nach Hřensko In Mezní Louka gehen wir linker Hand in südwestlicher Richtung auf der Fahrstraße vorbei an einem großen Parkplatz und dann durch eine schöne Allee, die nach Mezná führt. In diesem Abschnitt genießt man wunderbare Ausblicke auf das Elbsandsteingebirge.

In Mezná kann man noch einmal einkehren, bevor es vom letzten Gasthof an der Straße auf einem Stufenweg steil hinunter in die Schlucht der Edmundsklamm geht. Dort gehen wir über die Brücke und dann rechter Hand auf dem bekannten Hinweg Richtung Hřensko. Noch einmal dürfen wir uns auf eine gemütliche Kahnfahrt freuen – vielleicht ist der Bootsführer nun schon etwas müde und nicht mehr ganz so gesprächig wie auf der Hinfahrt ... Besonders an warmen Sommertagen macht diese Kahnfahrt so richtig Spaß.

Wander-Variante über den Mühlenweg All jene, die nicht mehr durch die Schlucht zurückwollen, können ab Mezná auch dem Mühlenweg bis zur Bushaltestelle »Prebischtor« folgen. Ab hier muss man dann aber auf der Straße nach Hřensko zurück-

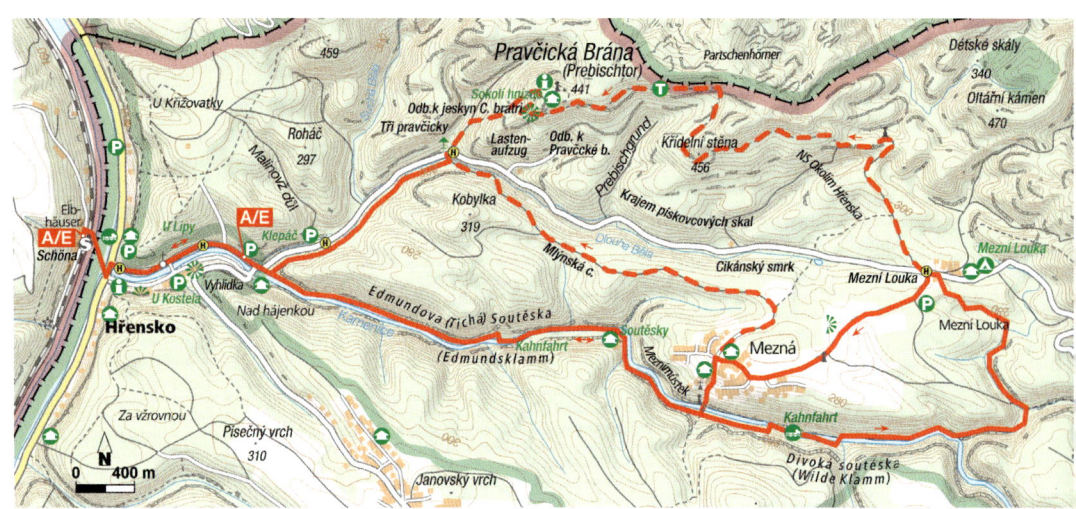

gehen, es sei denn, Sie fahren mit dem Sächsisch-Böhmischen Nationalparkexpress zurück (Infos dazu unter www.frank-nuhn-freizeit-und-tourismus.de). Die Gehzeit dieser Variante beläuft sich auf eine ¾ Std. bis zur Bushaltestelle »Prebischtor«, eine weitere ½ Std. bis zum Wanderparkplatz Hřensko und eine weitere ½ Std. bis zur Fähre in Schmilka.

Wahrzeichen des Elbsandsteins

Das Prebischtor, spektakuläre Sandsteinbrücke

Mittel | 200 Hm | 3.45 Std. | 4,6 km

Tourencharakter
Wanderung zunächst auf breitem Schotterweg; der Gabrielensteig verläuft nach steilem Anstieg auf einem angenehm ebenen Höhenwanderweg.

Ausgangs-/Endpunkt
Wanderparkplatz bzw. Haltestelle »Mezní Louka« (Rainwiese) (280 m)

Höchster Punkt
Prebischtor (415 m)

Anfahrt
A 17 bis Ausfahrt Pirna, über Königstein und Bad Schandau nach Hřensko und von dort weiter nach Mezní Louka
Bus & Bahn: S1 ab Dresden Richtung Schöna bis Bad Schandau und weiter mit dem Sächsisch-Böhmischen Nationalparkexpress nach Mezní Louka (Infos unter www.frank-nuhn-freizeit-und-tourismus.de) – Zustieg nur mit gültigem Personalausweis!

Gehzeiten
Mezní Louka (Rainwiese) – Prebischtor 2 Std. – Mezní Louka (Rainwiese) 1.45 Std.

Beste Jahreszeit
April bis Oktober

Einkehr
Prebischtorhaus; mehrere Gasthöfe in Mezní Louka (Rainwiese)

Karte
Landesvermessungsamt Sachsen, Blatt Sächsische Schweiz/Bad Schandau/Sebnitz, 1:25 000

Tourismus-Info
Bad-Schandau
Telefon: 035022/900 30
Website: www.bad-schandau.de

Der Gabrielensteig, ein schöner Höhenweg, führt uns zum Prebischtor. Das Naturdenkmal ist nicht zu betreten, ein Rundweg bietet aber spektakuläre Ausblicke auf das Felsentor und in das Böhmische Becken.

Das Prebischtor Es zieht den Besucher in seinen Bann: Das wohl bekannteste Naturdenkmal des Elbsandsteingebirges, dessen tschechischer Name Pravčická Brána lautet, hat eine Spannweite von 26,5 Metern und ist 16 Meter hoch. Die Felsenbrücke darf seit 1982 wegen der starken Erosion nicht mehr betreten werden. Alte Stahltreppen zum Prebischtor hinauf wurden genauso wie das Geländer auf dieses Naturdenkmal abgebaut. Der Abzweig dorthin ist vom Panoramaweg aus, unweit des Eingangs, noch gut erkennbar.

Der heutige Weg führt, gut sichert mit Stufen und Geländern, auf die umliegenden Aussichtsfelsen und ermöglicht so faszinierende Tiefblicke auf das Naturdenkmal sowie auf die umliegende Felsenlandschaft des Elbsandsteingebirges bis hin zur im Nordwesten liegenden Waldkuppe des Großen Winterbergs samt Aussichtsturm.

Das Prebischtor wurde zu Landschaftsaufnahmen im Film »Der König von Narnia« genutzt. Da ja das Felsentor nicht mehr betreten werden darf, ließ man die Darsteller erst nachträglich im Filmstudio über die Felsenbrücke laufen.

Seit der Privatisierung des Prebischtor-Hotels ist das gesamte Gelände in Privatbesitz, weshalb bei der Besichtigung ein Eintrittsgeld von umgerechnet ca. 3 Euro zu entrichten ist.

Der Gabrielensteig Am Höhenweg von Mezní Louka (Rainwiese) aus stehen anschauliche Tafeln mit Informationen über Entstehung und Geschichte des Elbsandsteingebirges – und das in tschechischer und deutscher Sprache. Frühere Verbindungen, z. B. über den Großen Zschand, von der Neumannmühle im Kirnitzschtal vorbei am Zeughaus zur Roßmaulwiese in der Böhmischen Schweiz und weiter zum Prebischtor, sind – neben weiteren ehemaligen grenzüberschreitenden Zustiegen – heute gesperrt, da diese jetzt in der Kernzone des Sächsisch-Böhmischen Nationalparks liegen. Nach dem ersten Anstieg hinter Mezní Louka (Rainwiese) geht es auf dem Gabrielensteig in etwa einer guten Stunde bis unter das Prebischtor.

Das lockt am Wochenende viele Wanderer, auch tschechische Touristen. Manchmal versucht hier sogar die eine oder andere Familie mit einem Kinderwagen durchzukommen. Deshalb empfehle ich, diese Wanderung an Wochentagen zu unternehmen und nicht am Wochenende oder gar an Feiertagen. Trotzdem darf die Tour zu diesem spektakulären Naturdenkmal auch in diesem Führer nicht fehlen.

Manche weinen bei diesem Anblick: Blick auf das Prebischtor.

Mezní Louka (Rainwiese) Die Ortsbezeichnung Rainwiese stammt noch aus der Zeit, als hier in den ausgedehnten Wäldern eine Wiese zu finden war. Durch sie verlief auch die Forstgrenze des Stimmersdorfer Reviers; ein Forsthaus mit der Bezeichnung »Rainwiese« ist hier erstmals in den Jahren 1781/82 erwähnt.

Mezní Louka stellt heute ein wichtiges touristisches Zentrum der Böhmischen Schweiz dar, mit Gaststätten, Hotels und einem Campingplatz. Der Zeitpunkt der ersten Besiedlung von Mezní Louka kann nicht genau festgestellt werden. Bis zum Ende des 19. Jahrhun-

Meine Wander-Variante

Alle, die mit dem Sächsisch-Böhmischen Nationalparkexpress (www.frank-nuhn-freizeit-und-tourismus.de) unterwegs sind, können auch direkt auf einem gut angelegten Weg durch ein Seitental hinunter in Richtung Hřensko bis zur Bushaltestelle an der Fahrstraße wandern. Die Gehzeit beläuft sich dabei auf ca. 45 Min. ab dem Prebischtor; damit ergibt sich eine Gesamtgehzeit ab Mezní Louka von 3 Std.

derts galt der Ort mit zwei Gebäuden und zehn Einwohnern als Einschicht. 1892 wurde infolge des Fremdenverkehrs durch den Fürsten Edmund von Clary-Aldringen ein Luxushotel errichtet. Damit entwickelte sich Rainwiese zu einem bedeutenden Luftkurort. Man versuchte hier auch eine Mineralquelle zu nutzen, was jedoch scheiterte. Nur insgesamt vier Gebäude und 25 Einwohner waren in diesem Ort bis zum Jahr 1945 zu zählen.

Linke Seite: Felsen, Wald und weichen Sandboden genießt man am Gabrielensteig.

Die Wanderung Vom Parkplatz bzw. von der Haltestelle des Nationalparkexpress in Mezní Louka (Rainwiese) folgen wir dem Wegweiser »Pravčická Brána« (Prebischtor) und wandern zunächst auf einem breiten Schotterweg leicht bergauf. Dann verengt sich der Weg zu einem Wanderpfad, dem Gabrielensteig, der zunächst steil bergauf und dann weitgehend eben unter den Felsformationen der Sandsteinwände verläuft – so auch unter der Flügelwand – und später in einem weiten Bogen in Richtung Prebischtor führt.

Hinweis: Bitte beachten Sie, dass auf diesem Wegabschnitt die in nördliche Richtung abzweigenden Wege in die Kernzone des Nationalparks und weiter zur deutschen Grenze nicht betreten werden dürfen!

Am Prebischtorhaus lässt es sich gut rasten.

Auf dem Gabrielensteig gelangen wir auf den Direktweg zum Prebischtor, der von Hřensko heraufzieht. Ihm folgen wir nun die letzten Meter in Kehren hinauf bis unter das Prebischtorhaus. Nach dem Entrichten des Eintritts können wir uns über gut angelegte, mit Geländern gesicherte Stufenwege zu verschiedenen Aussichtspunkten begeben, von denen man schöne Ausblicke auf das Prebischtor und hinaus ins Böhmische Becken genießt.

Wie auf dem Hinweg geht es dann wieder zurück nach Mezní Louka.

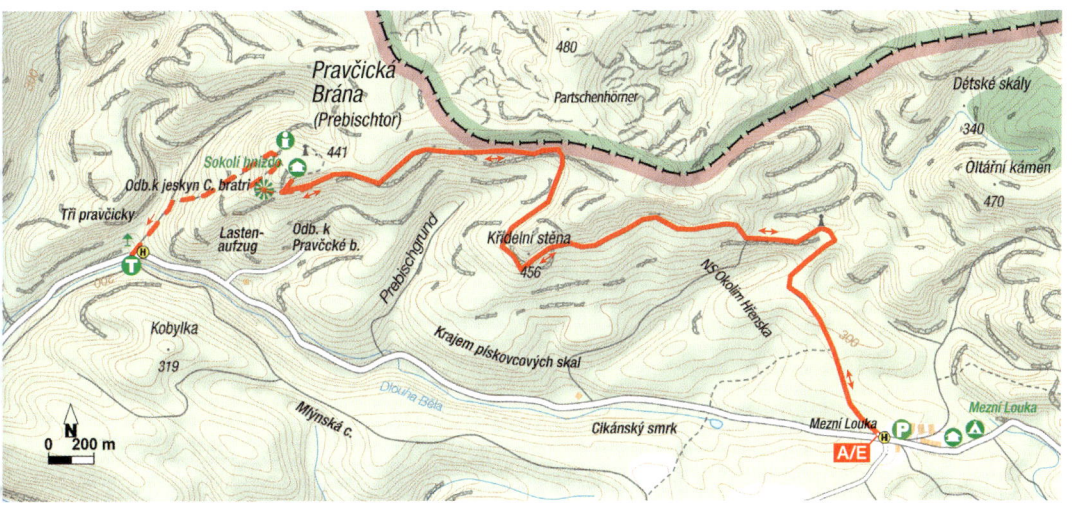

Tor und Turm mit Blick ins Böhmische

Das Kleine Prebischtor und der Schauenstein

Schwer   320 Hm   2.30 Std.   1,7 km

Tourencharakter
Breiter Schotterweg, am Schauenstein Steiganlage, Steig zum Kleinen Prebischtor – Trittsicherheit und Schwindelfreiheit nötig!

Ausgangs-/Endpunkt
Wanderparkplatz bzw. Haltestelle »Jetřichovice-Vysoká Lípa«, 310 m

Höchster Punkt
Kleines Prebischtor (Keine Angaben)

Anfahrt
A 17 bis Ausfahrt Pirna, über Königstein und Bad Schandau nach Hřensko , von dort nach Mezní Louka und weiter nach Jetřichovice-Vysoká Lípa
Bus & Bahn: Ab Dresden mit der Bahn nach Děčín, dort weiter mit Bus 434 nach Jetřichovice-Vysoká Lípa

Gehzeiten
Vysoká Lípa (Hohenleipa) – Schauenstein 45 Min. – Kleines Prebischtor 45 Min. – Vysoká Lípa (Hohenleipa) 1 Std.

Beste Jahreszeit
April bis Oktober

Einkehr
Unterwegs keine; mehrere Gasthöfe in Jetřichovice-Vysoká Lípa

Karte
Landesvermessungsamt Sachsen, Blatt Sächsische Schweiz/Bad Schandau/Sebnitz, 1:25 000

Tourismus-Info
Bad Schandau
Telefon: 035022/900 30
Website: www.bad-schandau.de

Eine abenteuerliche Tour über Stiegen und Leitern führt von Hohenleipa auf den Schauenstein. Kaum weniger romantisch verläuft der weitere Anstieg durch die Sandsteinfelsen zum Kleinen Prebischtor.

Schauenstein und Kleines Prebischtor Der Schauenstein wird auch Hohenleipaer Raubschloss (Šaunštejn) genannt. Die Felsenburg zeigt nur noch Reste der Burganlage; erhalten sind Fundamente hölzerner Aufbauten und ausgemeißelte Räume ebenso wie die Zisterne. Im 14. Jahrhundert erbaut, sollte die Burganlage die Alte Böhmerstraße schützen, den Handelsweg von Böhmen in die Lausitz. Die Wartenberger nutzten die Burg für ihre Raubzüge. Im 15. Jahrhundert wurde sie vom Oberlausitzer Sechsstädtebund wie auch durch die Wettiner belagert, bis diese die Burg schließlich zerstörten. Auf unserer Wanderung geht es zunächst über Leitern und Stufen steil hinauf zum Gipfel; oben angelangt, führt eine Eisenbrücke schwindelerregend zu den Aussichtspunkten. Bei klarem Wetter sind Kaltenberg, Lausche, der Rosenberg und das Erzgebirge zu sehen.
Nicht weit vom Schauenstein entfernt befindet sich das bei Touristen sehr beliebte Große Prebischtor in der Winterberggruppe. Nur wenige Wanderer werden wir hingegen am Kleinen Prebischtor (Malá Pravčická brána) antreffen. Die natürliche Felsenbrücke ist ca. 2,30 Meter hoch und 3,30 Meter breit. Es gibt in der Böhmischen Schweiz übrigens noch weitere Höhlenbildungen, die eine Sandsteinfelsbrücke, also »Kleinere Prebischtore«, darstellen.

Historisches Hohenleipa Der tschechische Name des Ortes ist Vysoká Lípa. Ein paar alte Höfe reihen sich an der Straße auf, und auch ein altes Umgebindehaus aus slawischer Zeit steht hier noch. Der Wanderparkplatz, an dem die Tour zu den beiden Felsen beginnt, bestimmt hier tagsüber das Leben im Dorf. Zwei gute Restaurants laden die Touristen zur Einkehr nach der Tour – wenn es schon auf der Tour keine Einkehrmöglichkeit gibt. Kleine Pensionen und Hotels bieten die Möglichkeit für eine günstige Übernachtung. So kann man die Touren zum Großen Prebischtor genauso wie die Tour bei Jetřichovice zum Marienfelsen, zur Wilhelminenwand und zum Rudolfstein miteinander kombinieren.
Abends entfaltet der Ort dann seinen dörflich-böhmischen Charme. Einheimische sitzen bei einem Krušovice, einem leckeren böhmisch-königli-

Gut gesichert wird der abendliche Ausblick auf dem Schauenstein zum Vergnügen.

chen Dunkelbier, in gemütlicher Runde beisammen und unterhalten sich. Da bleibt es oft nicht bei einem Bier – der Wirt kommt gern und serviert ein zweites. Um die Häuser streunen ein paar Hunde. Sie machen einen etwas verwahrlosten Eindruck. Ob sie herrenlos sind oder in eines der nächsten Gehöfte gehören? Niemand weiß das hier so genau. Die Straßenlaternen gehen an, und das einzige, was man dann noch hört, sind die Grillen, die sich an lauen Sommerabenden zum Konzert versammeln. Genießen Sie ein wirklich besonderes Ambiente, für das auch Sie sich nach der Tour noch etwas Zeit nehmen sollten.

Hinweis zum Zustand der Steige Die Steiganlage hinauf zum Schauenstein ist in wirklich gutem Zustand. Der weitere Steig zum Kleinen Prebischtor ist aber wohl schon länger nicht saniert worden – ein paar Holztreppen sind morsch oder fehlen ganz. Für trittsichere Wanderer sollte das aber dennoch kein besonderes Problem sein.

Mein persönlicher Tipp

Haben Sie schon mal die untergehende Sonne durch das Naturdenkmal des Kleinen Prebischtors fotografiert? Ein sicher besonders schönes wie auch ungewöhnliches Bild, wenn Sie den Stand der Sonne richtig erwischen. Aber dann heißt es zügig absteigen, um nicht in die Dunkelheit zu geraten. Aber die 45 Min. bis zum Waldrand dürften kein Problem sein.

Auf den Schauenstein Vom Wanderparkplatz folgen wir dem Schild »Pod Šaunštejnem, Mezní Louka« in nördlicher Richtung und halten uns ebenfalls an die weiß-gelbe Markierung, die über Wiesen und Felder führt. Die Abzweigungen linker und rechter Hand werden dabei ignoriert.

So gelangen wir in den Wald. Hier geht es an einer Weggabelung mit dem Wegweiser »Šaunštejn« nach links bergauf. Zunächst folgt man der weiß-gelben Markierung, bis nach ca. 100 Metern recht unscheinbar ein schmaler Weg mit rot-weißer Markierung nach rechts abzweigt, dem wir folgen. Wenig später steigen wir über

eine Sandsteintreppe hinauf. Dann haben wir auch schon den Einstieg auf den Schauenstein erreicht. Nun geht es über die Steiganlage, über Leitern und Stufen hinauf zum Gipfel. Trittsicherheit und Schwindelfreiheit sind hier absolut Pflicht!

Kleines Prebischtor und Rückweg Danach steigt man vorsichtig über die Steiganlage wieder hinunter zum Einstieg, wo man sich rechts hält (Schild »Malá Pravčická brána«), um das Kleine Prebischtor zu erklimmen. Über einige Stufen und Tritte führt der Weg weiter bergauf. Später geht es zwischen den Felsen auf einem Felsenband und auf einem schmalen Pfad weiter. Hier ist wiederum absolute Trittsicherheit erforderlich, denn der Weg ist nicht gesichert.

Wir durchqueren eine Versturzhöhle und gehen zwischen den Felsen auf einem Band weiter. Dann nimmt der Weg auch schon seinen letzten Aufschwung. Am Sattel angelangt, sind es nur noch wenige Meter linker Hand über eine kleine Eisenleiter hinauf zum Kleinen Prebischtor!

Auf der bereits bekannten Aufstiegsroute kehren wir danach zurück nach Hohenleipa. Dabei ignorieren wir natürlich den Abzweig hinauf zum Schauenstein.

Spektakuläres böhmisches Dreigestirn

Marienfelsen, Wilhelminenwand und Rudolfstein

Mittel-schwer   320 Hm   4 Std.   5,5 km

Tourencharakter
Breiter Schotterweg und Steige, Steiganlagen am Marienfelsen und am Rudolfstein; ohne diesen: Kategorie rot

Ausgangs-/Endpunkt
Marktplatz in Jetřichovice (235 m)

Höchster Punkt
Rudolfstein (484 m)

Anfahrt
A 17 bis Ausfahrt Pirna, über Königstein und Bad Schandau nach Hřensko , von dort nach Mezní Louka und weiter nach Jetřichovice Bus & Bahn: Ab Dresden mit der Bahn nach Děčín, dort weiter mit Bus 434 nach Jetřichovice

Gehzeiten
Jetřichovice (Dittersbach) – Marienfelsen 1 Std. – Rudolfstein 1.30 Std. – Jetřichovice (Dittersbach) 1.30 Std.

Beste Jahreszeit
April bis Oktober

Einkehr
Unterwegs keine; mehrere Gasthöfe in Jetřichovice

Karte
Landesvermessungsamt Sachsen, Blatt Sächsische Schweiz/Bad Schandau/Sebnitz, 1:25 000

Tourismus-Info
Bad Schandau
Telefon: 035022/900 30
Website: www.bad-schandau.de

Ein anspruchsvoller Steig führt über mehrere spektakuläre Aussichtsfelsen. Auf dem Marienfelsen und am Rudolfstein stehen zudem kleine Rast- und Aussichtshütten – eine wirklich spannende Wanderrunde.

In Jetřichovice Der deutsche Name für diesen Ort lautet ganz einfach Dittersbach. Am Marktplatz angekommen, erklärt uns die freundliche Dame von der Tourist-Info den Wegverlauf – das ist auch gut so, denn die Dorfbewohner kennen sich hier kaum aus. Bauern sitzen in den Gärten und schauen den Wanderern zu; kleine, alte Umgebindehäuser werden hier vermietet und bilden einen wunderbaren Kontrast zu den Sandsteinfelsen. Das Ortsbild bestimmt der alles überragende Marienfelsen mit seinem Rasthaus. Rechts daneben zum Falkenstein hin kann man eine abgebrannte Waldfläche erkennen. Hier setzt die Nationalparkverwaltung auf die natürliche Erneuerung des Waldes – das ist toll, aber ein paar Hinweisschilder, dass keine Zigaretten weggeschmissen werden dürfen, wären auch gut, denn leider passiert dies häufig, ohne dass man scheinbar über die Folgen nachdenkt.

Im Ort selbst trifft uns auch ein gewisser östlicher Charme mit voller Wucht: Baufällige Häuser aus der k.&k.-Zeit, daneben ein Gasthof. Die Eingangstür ist nur halb offen, ein Gummi verhindert die weitere Öffnung. Durch den Spalt lässt uns die abwinkende Köchin wissen, dass der Gasthof noch nicht geöffnet ist. Dann also wieder zur Tourist-Info. Wir kaufen uns Proviant und Getränke und zahlen umgerechnet 4 Euro. Am Marktplatz stehen überall Halteverbotsschilder – wo man hier also genau parken soll, weiß so genau keiner (jedenfalls sollte man nicht gerade am Wochenende zu dieser beliebten Tour aufbrechen). Und die Beschilderung hat auch so ihre Tücken, weshalb ich sie detailliert angegeben habe.

Das Böhmische Dreigestirn Marienfelsen, Wilhelminenwand und Rudolfstein sind *die* Wanderklassiker. An vielen Orten der Sächsischen Schweiz, aber vor allem beim böhmischen Nachbarn am Prebischtor hängen Postkartenmotive dieser Berge, die wirklich spektakulär sind. Ihre Erwanderung kann man zu einer eindrucksvollen Runde verbinden – aber besser nicht am Wochenende, denn dann ist hier viel los, und man trifft an warmen Tagen auch schon mal auf Touristen in Badeschlappen und Bikini, obwohl der Weg definitiv eine gute Bergausrüstung verlangt. Schwindel-

Rechte Seite: Innehalten und genießen: Ausblick von der Wilhelminenwand

erregend hoch steht der Aussichtspavillon auf dem Marienfelsen. Von der Ferne sieht er wie ein Holzwürfel auf einer Felsnadel aus. Irgendwie sieht das Haus schief aus, und es scheint, als könne es jederzeit hinunterfallen. Schöne Ausblicke mit unspektakulärem Anstieg kann man von der Wilhelminenwand genießen. Auf den Rudolfstein sollten allerdings nur diejenigen hinauf, die absolut trittsicher sind. Dort steht zwar auch eine Rasthütte, aber der Gipfel, der über Leitern und Stufen erreicht wird, ist rundherum nicht mit Geländern gesichert.

Zu den Aussichtsfelsen Vom Marktplatz folgt man auf einer geteerten Straße in nördlicher Richtung dem Schild »Mariina skála (Marienfelsen)«, vorbei an einem Gasthaus. Hier folgt man der roten Markierung über

Mein Einkehr-Tipp

Gerade weil es auf der Tour keine Einkehrmöglichkeit gibt, können Sie sich mit der böhmischen Küche am Ende der Tour in Jetřichovice verwöhnen lassen. Böhmische Knödel, Schweinebraten und Marillenknödel warten in den Gasthöfen des Ortes auf Sie. Und die Preise können sich auch sehen lassen – egal, ob Sie in tschechischer Krone oder in Euro zahlen.

eine Wiese zu einem Parkplatz mit Kiosk. An der folgenden Weggabelung mit einem Wanderinfo-Pavillon nimmt man den linken Weg geradeaus und folgt weiterhin der roten Markierung.

An der nächsten Weggabelung (hier steht ein Stein mit dem Zeichen des Nationalparks) geht es rechter Hand nun steil durch den Wald bergauf, weiterhin rot markiert. Der Weg zieht über einige Stufen steil bergauf, und sein Verlauf wird zunehmend steigähnlicher. Über eine Steiganlage erklimmt man dann linker Hand den ersten Gipfel, den Marienfelsen (Mariina skála, 428 m).

Anschließend geht es wieder zu dem Abzweig hinunter und dort nach links, dem Schild »Vilemínina stěna (Wilhelminenwand)« folgend. An diesen Wegweiser halten wir uns auch an einem weiteren Abzweig, von wo es nach links noch 200 Meter bis zum Aussichtspunkt Wilhelminenwand (auch Schwarze Wand, 422 m) sind.

Zurück an diesem Abzweig hält man sich links Richtung »Mezní Louka«. An einer Wegkreuzung folgen wir dann geradeaus dem Schild »Rudolfův kámen (Rudolfstein)« bis zu diesem Aussichtspunkt auf 484 Metern Höhe, den wir auch besteigen.

Abstieg nach Jetřichovice Nach dem Abstieg vom Rudolfstein nehmen wir am Fuß des Felsens rechter Hand den Weg Richtung »Mezní Louka«. Zunächst geht es auf einem Wanderweg durch den Buchenwald, dann mündet der Weg in einen breiten Schotterweg, dem man weiter bergab folgt bis zu einer Wegkreuzung, wo man sich linker Hand bergab hält. (Hinweis: Zum Zeitpunkt der Begehung waren hier die Wegweiser abmontiert – zur Orientierung: Hier gibt es einen Rastplatz mit einer Bank.)

Auf dem breiten Schotterweg wandern wir in Kehren bergab und halten uns dabei an die grünweiße Markierung. An einer Bergwiese verschmälert sich der Weg, und wir folgen weiterhin der grün-weißen Markierung. Nach einem letzten Aufschwung über einen Sattel in den Sandsteinfelsen gelangen wir auf freie Wiesen, von denen wir den wohl schönsten Blick auf den Marienfelsen genießen, ehe wir – nun auf dem bekannten Hinweg – die letzten Meter nach Jetřichovice unter die Füße nehmen. Diese spannende Rundtour können Sie noch mit einer Einkehr in Jetřichovice abschließen.

Linkselbische Sächsische Schweiz

Die Linkselbische Sächsische Schweiz ist geprägt von Tafelbergen mit weiten Landschaften und Blicken wie dem zu Festung Königstein, Pfaffenstein und Lilienstein (l. o.), am Zirkelstein (l. u.), am Katzfels (r. o.) und bei der Festung Königstein (r. u.).

Bergfestung über der Elbe

Die Festung Königstein vis-à-vis vom Lilienstein

Mittel · 240 Hm · 2.30 Std. · 5,5 km

Tourencharakter
Wanderwege, zur Festung im Abstieg auch steigähnlich

Ausgangs-/Endpunkt
Bahnhof und Parkplatz in Königstein (126 m)

Höchster Punkt
Festung Königstein (360 m)

Anfahrt
A 17 bis Ausfahrt Pirna, weiter nach Königstein und dort vor dem Kreisverkehr links durch das Viadukt zu den Parkplätzen in Bahnhofsnähe an der Elbe
Bus & Bahn: S1 ab Dresden Richtung Schöna oder Bad Schandau bis Königstein

Gehzeiten
Königstein – Festung Königstein 1 Std. – über den Eselsweg nach Königstein 1.30 Std.

Beste Jahreszeit
April bis Oktober, bei Schnee- und Eisfreiheit auch ganzjährig

Einkehr
Auf der Festung Königstein: Offizierskasino; historischer Ausschank »Zum Musketier«; Festungsbäckerei

Karte
Landesvermessungsamt Sachsen, Blatt Sächsische Schweiz/Bad Schandau/Sebnitz, 1:25 000

Tourismus-Info
Königstein
Telefon: 035021/682 61
Website:
www.koenigstein-sachsen.de

Majestätisch steht die Festung Königstein hoch über der Elbe; der Lilienstein gegenüber scheint zum Greifen nahe. Der Aufstieg über die Palmschenke und der Abstieg über den Eselsweg verbinden sich zu einer schönen Rundwanderung.

Palmschänke, Festung, Eselsweg Ein schöner Waldweg führt über die ehemalige Palmschenke von Königstein durch den Buchenwald hinauf. Oberhalb des Bielatals geht es nach dem Festungsbesuch wieder zurück, und zwar auf dem Eselsweg, der wie ein fast vergessener Pfad hoch über dem Ortsteil Hütten verläuft. Da ist etwas Gespür für den Weg gefragt, aber das macht diese Rundwanderung nur noch interessanter (aber natürlich kann man auch auf dem gewohnten Hinweg schließlich wieder bergab gehen).

Die Festung selbst lädt auf einer Fläche von 13 Fußballfeldern mit Ausstellungen und Führungen zu einer ausgiebigen Besichtigung ein. Beim über zwei Kilometer langen Festungsrundgang sieht man auch tief unten

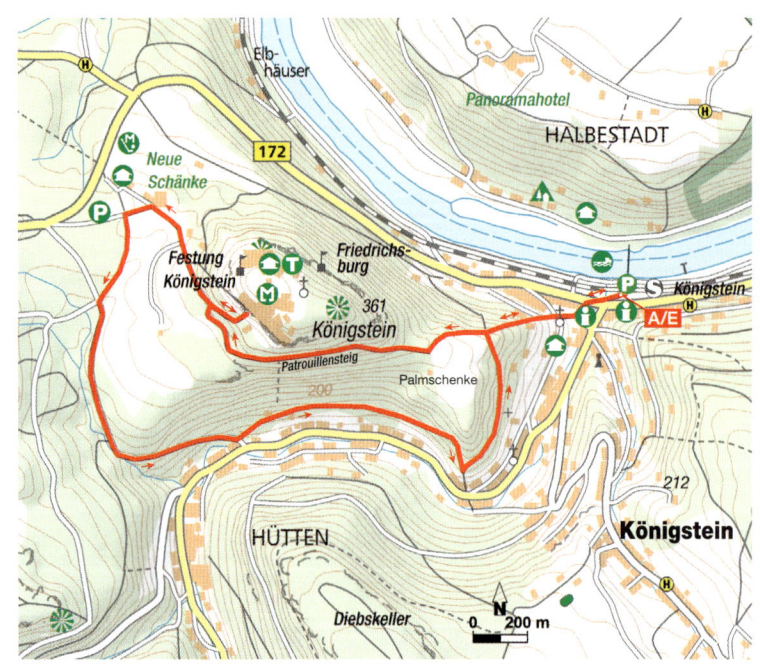

die Schaufelraddampfer fahren, deren Pfeifen das gesamte Elbtal erfüllt. Eine wirklich beeindruckende Szenerie!

Einen Besuch wert: die Festung Königstein, von Westen aus gesehen

Aufstieg zur Festung Königstein Vom Bahnhof folgt man dem Wegweiser »Festung Königstein« und läuft über die Bahnhofstraße zum Kreisverkehr (Parkplätze in Bahnhofsnähe). Nach dem Kreisverkehr geht es über die Hainstraße und die Kirchgasse hinauf zur Kirche. Dann wandert man mit dem Schild »Festung Königsstein« über die Stufen steil bergauf. An der Palmschenke, dem ehemaligen Gasthaus Latz (heute nicht mehr bewirtschaftet), folgt man dem Wegweiser hinauf zum Parkplatz und über den Festungsweg weiter bis zur Festung.

Über den Eselsweg nach Königstein Vom Festungseingang folgt man für den Rückweg dem Schild »Parkhaus« zunächst durch den Wald und läuft später neben der Straße bergab. Am Parkhaus angelangt, geht es neben dem Kletterwald linker Hand am Waldrand weiter bergab. Hier geleitet uns das Schild »Harald-Schurz-Weg«.

An der nächsten Wegkreuzung geht man linker Hand Richtung »Königstein-Hütten« und folgt dem nun breiten Weg bergab. Nun heißt es achtsam sein: Nur die gelbe Markierung führt uns talauswärts über dem Tal der Biela weiter! Unter uns sehen wir den Ortsteil Hütten; später führt ein Weg dorthin bergab, und genau hier geht es linker Hand ein kurzes Stück bergauf. Wir folgen weiter der gelben Markierung über dem Bielatal und gelangen so später aus dem Wald heraus. Über einige Stufen steigen wir hinunter, und sogleich mündet unser Weg rechter Hand in den Anstiegsweg – auf bereits bekannter Wegstrecke geht's nun zurück nach Königstein.

Mein besonderer Tipp

Einzigartig in Europa präsentiert die Wehranlage Königstein 400 Jahre Festungsbaukunst und lädt zum »Abenteuer Festung« ein. Ausstellungen und Führungen lassen den Festungsalltag von einst lebendig werden, Veranstaltungen und eine Abenteuer-App ergänzen das vielfältige Angebot. Beim Rundgang entlang der 2,2 Kilometer langen Ringmauer bieten sich faszinierende Ausblicke auf die Sächsische Schweiz.

Tafelberg für Sommerfrischler

Unterwegs auf dem Gohrisch-Rundweg

Schwer   110 Hm   1.30 Std.   1,3 km

Tourencharakter
Wanderwege, im Gipfelbereich
Steiganlagen – Trittsicherheit und
Schwindelfreiheit nötig!

Ausgangs-/Endpunkt
Parkplatz und Bushaltestelle
»Papststein« (355 m)

Höchster Punkt
Gohrisch (440 m)

Anfahrt
A 17 bis Ausfahrt Pirna, nach
Königstein, weiter Richtung Bad
Schandau, noch im Ort Königstein
abbiegen nach Gohrisch und weiter
Richtung Cunnersdorf bis Parkplatz
»Papststein«
Bus & Bahn: S1 ab Dresden Richtung Schöna bis Bad Schandau
oder Königstein, dann ab Königstein mit Bus 244a bis Papststein
bzw. ab Bad Schandau mit Bus
244b

Gehzeiten
Papststein – Gohrisch, Aussichtspavillon 30 Min. – Gohrisch-Nord-
gipfel 15 Min. – Papststein 45 Min.

Beste Jahreszeit
April bis November

Einkehr
Unterwegs keine

Karte
Landesvermessungsamt Sachsen,
Blatt Sächsische Schweiz/Pirna/Kö-
nigstein, 1:25 000

Tourismus-Info
Gohrisch
Telefon: 035021/661 66
Website: www.gohrisch.de

Ein abenteuerlicher Rundweg führt auf die Felsenburg des Gohrisch. Wege mit Leitern und Stufen erschließen diesen aussichtsreichen Berg, von dessen Aussichtspavillon man das tolle Panorama genießt.

Der Gohrisch Der Berg wurde 1886 als einer der letzten Tafelberge touristisch erschlossen. Oberförster Grünewald ließ die noch heute genutzten drei Aufstiegswege erbauen; ebenso errichtete er eine Schutzhütte, die nach 1950 aber dem Verfall preisgegeben war. Ideal ist der Berg für alle, die nach einem kurzen, abenteuerlichen Aufstieg eine grandiose Aussicht genießen wollen. Über Stufen und Leitern gelangt man schnell auf den Aussichtsfelsen, wo sich besonders beim Pavillon bei einer Brotzeit die Aussicht gut genießen lässt: In vorderster Front stehen hier die bekannten Berge der Sächsischen Schweiz, etwa die Schrammsteine, der Winterberg sowie Großer und Kleiner Zirkelstein. Dahinter geht der Blick weit in die Böhmische Bergwelt hinein.

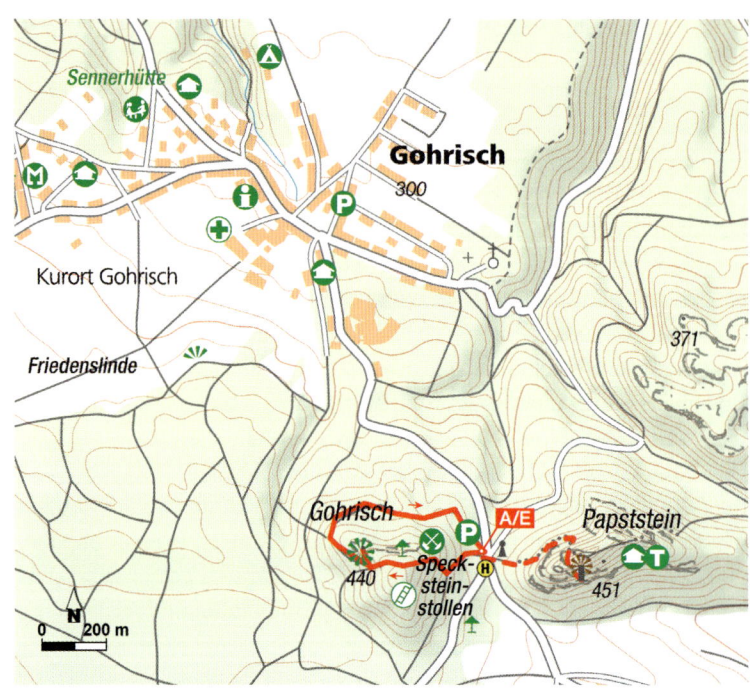

Weitere Aussichtspunkte hier oben sind durch das felsige Wegelabyrinth erreichbar. Spektakulär ist der nördlichste Aussichtsfelsen, der mit einer kleinen Brücke und Geländern gut gesichert bestens erreichbar ist. Von ihm aus hat man die Festung Königstein und den Lilienstein ganz nah vor Augen. Kleine Kiefern und Birken klammern sich wie Kunstwerke an den Felsen und bilden eine malerische Landschaft. Den Abstiegsweg über die Falkenschlucht kann ich nicht empfehlen, da er schwierig ist. Halten Sie sich deshalb bitte nur an die vorgeschlagene Wegführung. Der Schwierigkeitsgrad dieser Tour ist als »schwer« eingestuft, schließlich sind einige Stufen und Leitern zu bewältigen.

Der Kurort Gohrisch Der gleichnamige Ort unweit unseres Ziels wurde als »dorffee Gorusch« erstmals 1437 erwähnt. Die touristische Entwicklung des Ortes fällt vergleichsweise bescheiden aus, was ja auch seinen Reiz hat. Ganze elf Bauern zählte der Ort im Jahr 1548. Der Gutsbesitzer Adelbert Hauffe brachte 1869 auf   seinem Gut die ersten Sommergäste unter. Schon damals schätz-

Der Aussichtspavillon am Gohrisch mit Blick auf den Papststein ist ein schöner Ort.

Meine Wander-Variante

Wer noch einen zweiten prominenten Berg besteigen möchte, kann auf der anderen Seite des Parkplatzes zum Papststein hinaufwandern. In knapp 30 Min. ist der ebenso aussichtsreiche Gipfel über einen gut begehbaren Stufenweg zu erreichen. Oben kann man im Berggasthaus Papststein bestens einkehren, bevor man auf der Aufstiegsroute wieder zum Parkplatz zurückgeht.

ten die Touristen die waldreiche, ruhige und klimatisch ausgeglichene Lage des Ortes. Tatsächlich ist er somit die älteste Sommerfrische in der gesamten Sächsischen Schweiz. Später erhöhten sich auch die Einwohnerzahlen des Ortes, der dann eine rege Bautätigkeit aufweisen konnte. Mit dem Prädikat »Höhenluftkurort« kann sich der Ort seit 1875 schmücken; 1936 erhielt Gohrisch dann das Prädikat »Kurort«. Natürlich ist der Tourismus hier eine der wichtigsten Haupteinnahmequellen, aber auch musikalisch machte der Ort von sich reden, denn zu den prominenten Gästen zählte Dmitri Schostakowitsch. Er komponierte hier im Jahr 1960 sein achtes Streichquartett (c-Moll op. 110).

Zur Gemeinde gehören die Ortsteile Kurort Gohrisch, Cunnersdorf, Kleinhennersdorf sowie Papstdorf. Die nächsten umliegenden Berge sind neben dem Gohrisch der Papststein, der Kleinhennersdorfer Stein, die Lasensteine, Spitzstein und Katzstein. Die beiden Letzteren sind jeweils in einem eigenen Tourenkapitel berücksichtigt, genauso wie der Papststein. Daneben prägen markante Tafelberge die Umgebung des Ortes. Hierzu zählen der Pfaffenstein, die markante Festung Königstein sowie der auf der anderen Elbseite befindliche Lilienstein. Die Gemeinde zählt heute an die 2200 Einwohner.

Die Wanderung Vom Parkplatz bzw. der Bushaltestelle »Papststein« folgt man dem Schild »Aufstieg Gohrisch«. Vorbei an einem Specksteinstollen geht es über Stufen und schließlich Leitern auf die Felsenburg. Am Pavillon ist dann der erste Aussichtspunkt zu finden.

Weiter geht es in nördlicher Richtung über den Berg. Dabei ist ein Abstieg in Höhlen rechter Hand zu ignorieren, ebenso wie der schwierige Abstieg durch die »Falkenschlucht« linker Hand. Wir passieren den Abstieg »Kurort Gohrisch, Königstein«, den wir später nehmen werden, und gehen zum nördlichen Aussichtspunkt.

Danach laufen wir zu der eben beschriebenen Abstiegsstelle zurück. Über die Westflanke des Berges geht es nun über Stufen und Leitern abenteuerlich bergab. An der nächsten Weggabelung laufen wir geradeaus weiter (Schild »Stiller Grund – Gohrisch, Parkplatz-Papststein«), und an der darauffolgenden Weggabelung nehmen wir den rechten Weg. (Hinweis: Zum Zeitpunkt der Begehung war hier paradoxerweise keine Beschilderung zu finden – zur Orientierung: Hier weist ein Schild linker Hand nach »Kurort Gohrisch, Cunnersdorf, Königstein«.)

Wir gehen nun also rechter Hand um die Ostflanke des Berges herum und gelangen so wieder zurück zum Parkplatz und zur Bushaltestelle »Papststein«, unseren Ausgangspunkten, wo diese kurze, aussichtsreiche Wanderung ihr Ende findet.

Biergarten mit Bergpanorama

Von Bad Schandau auf den Papststein

Ein abwechslungsreicher Weg führt von Bad Schandau an der Elbe auf den Papststein bei Kleinhennersdorf. Hier beeindrucken die weiten Hochflächen der Felder vor den Schrammsteinen.

Mittel   330 Hm   3.15 Std.   4,2 km

Tourencharakter
Wanderung auf steigähnlichen Wanderwegen, breiten Schotterwegen und Nebenstraßen

Ausgangs-/Endpunkt
Bahnhof Bad Schandau (126 m)

Höchster Punkt
Papststein (451 m)

Anfahrt
A 17 Ausfahrt Pirna und über Königstein nach Bad Schandau-Bahnhof, dort Parkplätze
Bus & Bahn: S1 ab Dresden Richtung Schöna bis Bad Schandau

Gehzeiten
Bahnhof Bad Schandau – Kleinhennersdorf 45 Min. – Papststein 1 Std. – Kleinhennersdorf 45 Min. – Bahnhof Bad Schandau 45 Min.

Beste Jahreszeit
April bis Oktober bei Schnee- und Eisfreiheit auch ganzjährig

Einkehr
Berggaststätte Papststein

Karte
Landesvermessungsamt Sachsen, Blatt Sächsische Schweiz/Pirna/Königstein, 1:25 000

Tourismus-Info
Gohrisch
Telefon: 035021/661 66
Website: www.gohrisch.de

Malerischer Kontrast Der Weg neben der Hauptstraße vom Bahnhof in Bad Schandau lässt kaum so eine abwechslungsreiche Tour vermuten. Doch schon bald geht es neben der Elbe flussaufwärts, und nahe Krippen wechselt dann das Bild: Steil geht es über den Täppichtsteig durch den Wald hinauf nach Kleinhennersdorf. Die Maisäcker sind hier mittlerweile mit einem Elektrozaun umspannt, damit die Wildschweine aus dem Wald sich nicht mehr auf dem Acker sattessen können.

In Kleinhennersdorf ist es noch idyllisch. Schöne Häuser mit verträumten Gärten, in denen die Besitzer nach dem Rechten sehen, reihen sich aneinander. Weiter bergan, schweift der Blick immer öfter über die weiten Felder zum Felsenzirkus der Schrammsteine. Ein schöner und zu-

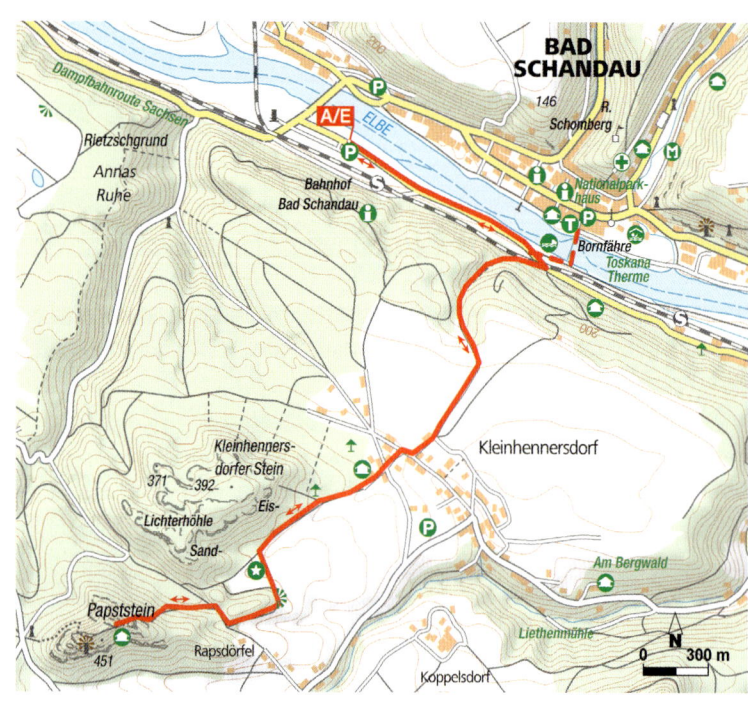

gleich malerischer Kontrast. Dann erreicht der Weg auch schon sein Finale: Im Wald wandert man vorbei an mystisch anmutenden Felsen hinauf zum Papststein.

Der Papststein erhebt sich über Papstdorf, vom Gohrisch aus gesehen.

Der Papststein Vom Gastgarten der gleichnamigen Gaststätte geht der Blick hinüber auf den Lilienstein und auf die Hochebene bei Porschdorf. Von den Aussichtsfelsen daneben sieht man hinüber auf den prominenten Nachbarn, den Gohrisch. Der Papststein ist 451 Meter hoch, und die Geologie des Berges weist Besonderheiten auf: Einst bildete er mit dem benachbarten Gohrisch und dem Kleinhennersdorfer Stein eine zusammenhängende Sandsteintafel. Von Norden her erodierte dieses Plateau in drei Restmassive, die nun die zuvor genannten Berge bilden.

Viele Namen gab es für den Papststein in seiner langen Geschichte: Als Bogerßdorfer Stein fand er um 1496 erstmals Erwähnung; als Babsdorffer Stein war er Anfang des 17. Jahrhunderts bekannt, ehe er um 1736 unter dem Namen Pabstdorffer Stein geführt wurde. Erst Anfang des 19. Jahrhunderts erhielt der Berg dann seinen heutigen Namen: Papststein. 1889 erbaute man auf der Südspitze, dem höchsten Punkt des Berges, einen Aussichtsturm aus Stein. 1936 wurde dieser wegen Baufälligkeit abgetragen, und ein Jahr später stand hier der Nachfolgebau: ein neun Meter hoher Holzturm, der auch als Feuerwachturm genutzt wurde. Er stand hier bis 1969, dann

folgte ihm ein Turm aus Betonfertigteilen, der bis heute steht, aber leider nicht öffentlich zugänglich ist.

In der Nähe des Turms befindet sich die Lastenseilbahn, die die Berggaststätte Papststein versorgt. Hier oben lässt es sich vorzüglich speisen, zumal die Aussicht ebenfalls ein ganz besonderer Genuss ist. Die Küche achtet auf regionale Lebensmittel, die häufig aus biologischem Anbau stammen. Egal, ob leckere Salatvariationen oder deftige Sächsische Küche: Hier oben findet sicher jeder sein Leibgericht.

Die Wanderung zum Papststein

Vom Bahnhof in Bad Schandau geht man hinunter zur Hauptstraße und folgt ihr rechter Hand auf dem Gehweg Richtung »Krippen«. Noch vor der Brücke zweigt der nun als Rad- und Fußweg ausgewiesene Weg nach rechts ab, und man wandert nun an der Elbe flussaufwärts bis zur sogenannten Bornfähre. Mit ihr kann man auch von Bad Schandau direkt hierher übersetzen.

Jetzt geht es rechter Hand unter der Bahnlinie durch, über die Hauptstraße und weiter über Stufen hinauf, bis rechter Hand ein breiter Schotterweg, der Täppichsteig, Richtung Kleinhennersdorf führt. Steil wandern wir durch den Wald bergauf, bis wir wieder aus dem Wald herauskommen und entlang einer Baumreihe über die Felder hinauf nach Kleinhennersdorf gehen.

An der Neuen Bauerngasse folgen wir kurz rechter Hand dem Schild »Papstdorf, Cunnersdorf«, dann biegen wir links in die nächste Straße, den Alten Schulweg, und folgen weiter dem gleichen Wegweiser. Nach Überqueren einer Kreuzung laufen wir geradeaus auf dem Alten Schulweg weiter und folgen nun dem Schild »Papststein«. Über die Sackgasse kommt man so aus dem Ort und geht weiter am Waldrand leicht bergan. Der Weg am Waldrand lässt sich abkürzen, in dem man über die Wiese hinüber zur Brennnesselhütte, einem Brotzeitplatz mit Unterstand, geht. Dort wendet man sich nach links und folgt weiter dem Waldrand und dem Schild »Papststein«, vorbei an einem Damwildgehege.

An der nächsten Weggabelung (hier steht ein Brotzeitunterstand) gehen wir ohne Beschilderung rechter Hand weiter bergauf und nehmen dann nach einem kurzen Anstieg an der folgenden Weggabelung den linken Weg, wieder mit dem Wegweiser »Papststein«. Durch eine Schlucht geht es über die Stufen und später an der südlichen Hangkante hinauf zum Papststein. Auf diesem Wegabschnitt werden kleinere Wegabzweige rechter Hand stets ignoriert.

Der Rückweg zum Bahnhof von Bad Schandau entspricht exakt dem Hinweg.

Mein Tipp für den Tourenausklang.

Wer nach der Tour noch durch Bad Schandau bummeln möchte, kann mit der Bornfähre in den Ort übersetzen. Viele Cafés und Restaurants warten in dem gemütlichen Ort auf einen Besuch. Ebenso kann man in der Toskana-Therme baden. Danach geht es mit der Fähre weiter nach Bad Schandau-Bahnhof, dem Ausgangspunkt dieser Wanderung. Ein schöner Abschluss dieser Tour!

Der Blick vom Papststein schweift weit über die Lande.

Linke Seite: Ein schattiger Rastplatz ist der Hunskirchenblick beim Aufstieg zum Papststein.

Weite Aussichten links der Elbe

Aussichtspunkte Signal und Katzfels

Signal und Katzfels sind zwei markante Aussichtspunkte hoch über Cunnersdorf. Die beiden Gipfel sind weniger bekannt – Ruhe und gute Waldluft sind Ihnen auf dieser Tour damit quasi garantiert.

Mittel   220 Hm   2.00 Std. + 1 Std.   3,9 km

Tourencharakter
Wanderwege, im Gipfelbereich Steiganlagen

Ausgangs-/Endpunkt
Bushaltestelle »Cunnersdorf/ Deutsches Haus« (280 m) bzw. Wanderparkplatz »Katzsteinbaude« (320 m)

Höchster Punkt
Katzfels (474 m)

Anfahrt
A 17 bis Ausfahrt Pirna, nach Königstein und noch im Ort Richtung Gohrisch, nach Cunnersdorf dann bis zum Wanderparkplatz »Katzsteinbaude«
Bus & Bahn: S1 ab Dresden Richtung Schöna bis Bad Schandau oder Königstein, dann ab Königstein mit Bus 244a nach »Cunnersdorf/Deutsches Haus« bzw. mit Bus 244b ab Bad Schandau

Gehzeiten
Wanderparkplatz »Katzsteinbaude« – Signal 1 Std. – Katzfels 15 Min. – Katzsteinbaude 45 Min. (von/bis Bushaltestelle »Cunnersdorf/Deutsches Haus« zum Wanderparkplatz »Katzsteinbaude« zusätzlich 1 Std.)

Beste Jahreszeit
April bis Oktober bei Schnee- und Eisfreiheit auch ganzjährig

Einkehr
Unterwegs keine

Karte
Landesvermessungsamt Sachsen, Blatt Sächsische Schweiz/Pirna/Königstein, 1:25 000

Tourismus-Info
Gohrisch
Telefon: 035021/661 66
Website: www.gohrisch.de

Wo einst Wildkatzen lebten Geografisch ist damit das Felsplateau zwischen dem Aussichtspunkt Signal im Osten und dem Katzfels im Westen gemeint. Den Namen trägt der Katzstein von den Wildkatzen, die hier früher lebten. Das Letzte dieser Exemplare wurde hier im Jahr 1809 erlegt. Auch wenn der Berg aus der Ferne wie ein Katzenbuckel aussieht, die Namensgebung steht damit nicht in Zusammenhang.

Der Aussichtspunkt Signal misst 444 Meter Höhe. Die Nordspitze des Katzsteins war früher ein Waldbrandwachpunkt des einstigen Forstwirtschaftsbetriebs Königstein. Die markantesten Berge sieht man von hier oben, wenn man nach Nordosten blickt: Gohrisch und Papststein sind gut zu erkennen, quasi als unzertrennliches Pärchen, dahinter baut sich der markante Lilienstein auf. Ein wirklich schöner Aussichtspunkt, der

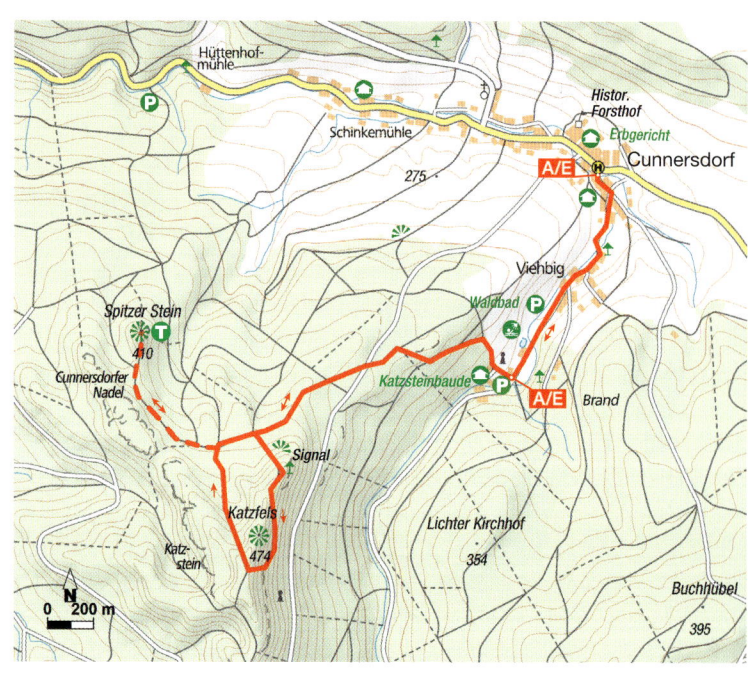

sich hervorragend für ein Picknick eignet, z. B. am überdachten Picknickplatz, wo sich alle erst einmal vor der Besteigung der Felsnadel stärken können.

Vom Aussichtspunkt auf dem Signal erkennt man Gohrisch und Papststein.

Katzfels und Katzsteinbaude Über eine ausgesetzte Eisenstiege ist die Felsnadel erschlossen. Schwindelfrei sollte man schon sein, und mehr als drei Personen haben auf diesem Aussichtsplateau auch nicht Platz. Somit ist der Katzfels der kleinste Aussichtsgipfel der gesamten Sächsischen Schweiz. Dennoch kann man von hier oben weite Aussichten genießen – so schweift der Blick auf immerhin 474 Meter Höhe hinüber zu den Lasensteinen und weiter bis zum tschechischen Tanzplan, ebenso kann man in der Ferne die Zschirnsteine erkennen. Daneben sind auch die Schrammsteine zu sehen, und die Aussicht reicht sogar noch weiter bis zum Hohen Schneeberg.

Die Einkehr in der urgemütlichen Katzsteinbaude bietet sich nach der Wanderung an; deftige sächsische Speisen werden hier zu zivilen Preisen angeboten. Im Sommer brummt es neben dem Eingang zur Baude – nein, kein Motor, kein Generator: Die Hornissen haben sich unter dem Holz einen Unterschlupf gebaut. »Auch diese Tiere brauchen ein Zuhause«, sagt der Wirt und lässt die Tiere liebevoll gewähren. Und tatsächlich rücken sie keinem Gast zuleibe, wenn man sie in Ruhe lässt.

Steil steigt man die letzten Meter auf der Leiteranlage auf den Katzfels.

Mitte: »In dunkler Nacht«: zum Gedenken an den letzten Wilderer

Rechts: Der Autor nimmt am Aussichtspunkt Signal ein Sonnenbad.

Zur Geschichte der Katzsteinbaude: Zur Zeit des Faschismus wurde hier eine Köhlerhütte abgebrochen und ein sogenanntes Waldarbeiterlager errichtet. Im Jahr 1947 wurde hier für die Dauer von zwei Jahren ein Jugendwerkhof eingerichtet. In der folgenden Zeit, von 1950 bis 1956, war hier für Forstfacharbeiterlehrlinge ein Lehrlingsinternat; danach wurde es zu Erholungs- und Schulungszwecken durch die VEB Automot Heidenau bei Dresden genutzt. Ihr heutiges Dasein als Katzsteinbaude erfolgte nach der Renovierung des Hauses im September 1993.

Aufstieg zum Katzfels Alle, die mit dem Bus angereist sind, folgen von der Haltestelle dem Schild »Waldbad« und laufen auf einer Nebenstraße durch Cunnersdorf bis zum Waldbad. Dahinter befindet sich unmittelbar neben der Katzsteinbaude der Wanderparkplatz, Ausgangspunkt aller Autofahrer.

Hier folgen wir dem Schild »Katzstein, Rotstein« und wandern auf einem breiten Schotterweg bergauf durch den Wald. Den Mittleren Hangweg, der bei einer Rastbank abzweigt, lässt man links liegen und folgt weiter dem Katzsteinbaudenweg. Dann nimmt man linker Hand den Weg Richtung »Katzstein, Spitzstein«, dem man auch nach einer Wegkreuzung weiter geradeaus folgt. An einem Rastplatz wendet man sich dann nach links (Schild »Signal, Katzstein«) und erreicht zuletzt über eine

Eisentreppe den Signal-Gipfel. Nun wandert man auf dem Massiv des Katzsteins in westlicher Richtung weiter; dabei wird das Schild »Abstieg« ignoriert. So erreicht man die Felsnadel des Katzfelsens.

Abstieg nach Cunnersdorf Vom Katzfels läuft man nun ohne Beschilderung weiter in westlicher Richtung durch den Wald bergab. An der nächsten Weggabelung gehen wir rechts Richtung »Cunnersdorf, Spitzstein« und dann wieder rechts mit dem gleichen Wegweiser. An der folgenden Weggabelung ignorieren wir das Schild »Cunnersdorf Ort« links mit der gelben Wegmarkierung und halten uns weiter geradeaus mit dem grünen Punkt Richtung »Cunnersdorf Bad«.
Im weiteren Verlauf wird an einer Weggabelung das Schild »Cunnersdorf« linker Hand erneut ignoriert und wir gehen weiter geradeaus mit dem Wegweiser »Rosenthaler Steig«. So erreichen wir wieder unsere Ausgangspunkte am Wanderparkplatz »Katzsteinbaude« bzw. in Cunnersdorf an der Bushaltestelle »Deutsches Haus«.

Meine Wander-Variante

Wer noch einen weiteren Gipfel besteigen möchte, kann den Spitzstein erwandern. Hierzu folgt man beim Abstieg vom Katzfels den Wegweisern Richtung Spitzstein. Für den Rückweg vom Spitzstein richte man sich nach der Beschreibung wie in der vorliegenden Tour.

Die Schrammsteine fest im Blick

Kaiserkrone und Zirkelstein bei Schöna

Mittel-schwer   350 Hm   3 Std.   4,8 km

Tourencharakter
Wanderung auf steigähnlichen Wanderwegen sowie Feldwegen, auf den Zirkelstein Eisentreppenanlage – Trittsicherheit und Schwindelfreiheit nötig! Ohne diesen: Kategorie rot

Ausgangs-/Endpunkt
Bahn: Bahnhof Schmilka-Hirschmühle
Pkw: Parkplatz Grenzübergang Schmilka

Höchster Punkt
Zirkelstein (385 m)

Anfahrt
A 17 bis Ausfahrt Pirna, über Königstein und Bad Schandau nach Schmilka und dort in Nähe des Fähranlegers elbseitig parken, dann mit der Fähre zum Bahnhof Schmilka übersetzen
Bus & Bahn: S1 ab Dresden Richtung Schöna bis Schmilka

Gehzeiten
Bahnhof Schmilka – Kaiserkrone 1 Std. – Zirkelstein 45 Min. – Bahnhof Schmilka 1.15 Std.

Beste Jahreszeit
April bis Oktober

Einkehr
»Gasthaus zum Zirkelstein« in Schöna

Karte
Landesvermessungsamt Sachsen, Blatt Sächsische Schweiz/Bad Schandau, Sebnitz, 1:25 000

Tourismus-Info
Reinhardtsdorf-Schöna
Telefon: 035028/80737
Website:
www.reinhardtsdorf-schoena.de

Kaiserkrone und Zirkelstein stehen beide links der Elbe und haben dank ihrer Alleinlage ein 360°-Panorama. Hier sind die Sonnenuntergänge besonders schön zu beobachten. Dazwischen liegt Schöna mit seinem ländlichen Charme.

Kaiserlicher Dreizack Die Kaiserkrone (355 m), unser erster Aussichtsgipfel, ist für jedermann zu ersteigen. Geht man nur auf diesen Berg, verdient die Tour lediglich die Kategorie »mittel« – ein einfacher Stufenweg führt hier herauf, und einzelne Aussichtsplattformen sind mit Stahltreppen erschlossen.

Seinen Namen trägt der Berg von den drei nebeneinander stehenden Felsgipfeln, die alle zu besteigen sind. Jeder von ihnen bietet eine andere Aussicht, was diesen Berg besonders interessant macht: Am nördlichen Gipfel überblickt man die Schrammsteinkette hoch über der Elbe, vom südlichen Gipfel sieht man den Zirkelstein, unseren zweiten Aussichts-

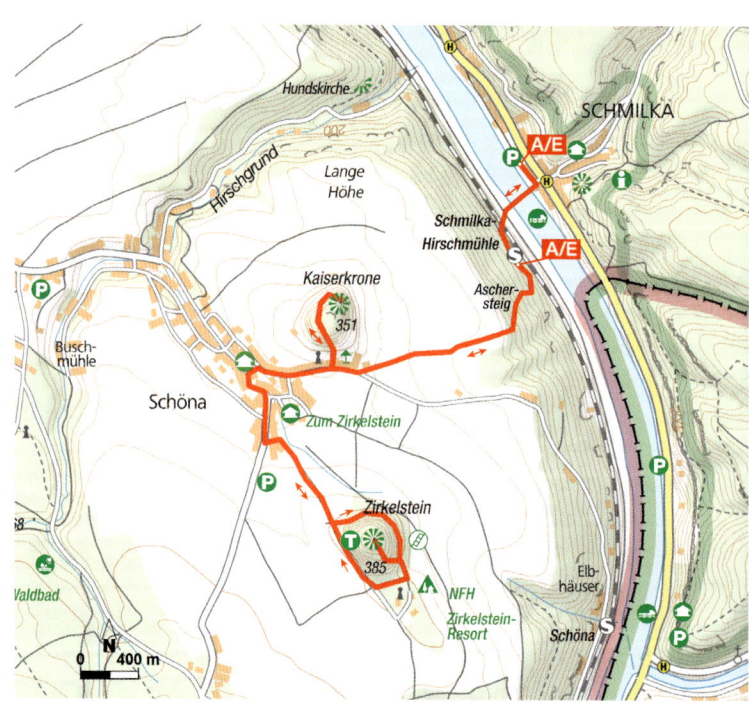

berg, und die Zschirnsteine, und vom östlichen Felsen schweift der Blick über den Großen Winterberg bis in die Böhmische Schweiz. Was für ein kaiserliches Panorama!

Wanderers Nebelmeer Unser zweiter Berg erfordert neben Trittsicherheit auch Schwindelfreiheit, weshalb die gesamte Tour als »schwer« eingestuft wurde. Natürlich wird das von Wanderern unterschiedlich bewertet, dennoch sind die steilen Eisentreppen auf den Aussichtsfelsen nicht jedermanns Sache.

Seinen Namen erhielt der Berg durch seine markante Form, die an einen Zirkel erinnert. Caspar David Friedrich verlieh dem Berg einen gewissen Bekanntheitsgrad mit seinem 1818 entstandenen Bild »Der Wanderer über dem Nebelmeer«. Der Berg selbst ist auf diesem Gemälde am rechten Bildrand zu erkennen, es wurde aber vom Anstieg zur Kaiserkrone aus gemalt; dort ist auch eine entsprechende Informationstafel aufgestellt.

Johann Gottlob Füssel aus Schöna, der damalige Besitzer des Zirkelsteins, errichtete 1842 die erste Steiganlage dort hinauf und machte so den Berg für Besucher erstmals zugänglich. Eine kleine Bergwirtschaft auf dem Gipfel des Tafelbergs wurde noch im selben Jahr errichtet, brannte aber nach einem Gewitter 1926 durch Blitzschlag

komplett ab. Das Panorama von hier oben steht dem der Kaiserkrone in nichts nach, nur dass der Ausblick nach Norden hin zu den Schrammsteinen nun von dem Ort Schöna und der Kaiserkrone, unserem ersten Aussichtsberg, umrahmt wird. Nach Südosten hin ist man der Böhmischen Schweiz noch ein Stück näher als zuvor von der Kaiserkrone aus.

Unterwegs in Schöna Der Ort zwischen den beiden Aussichtsfelsen unterscheidet sich mit seiner Ursprünglichkeit und dem dörflichen Charakter von den anderen touristisch erschlossenen Orten an der Elbe. Zur Heuernte ziehen alte Fuhrwerke durch die Straßen des beschaulichen Dorfs, wohl noch aus LPG-Zeiten stammend. Im Feuerwehrhaus stehen zwei alte Fahrzeuge, frisch aufpoliert, man fühlt sich hier wie in einer anderen Welt. So lohnt ein aufmerksamer, beschaulicher Bummel durch das Dorf, in dem es an liebenswerten Details der alten Häuser nicht mangelt. Nehmen Sie sich also Zeit für einen Abstecher.

Das Waldhufendorf wurde 1379 erstmals erwähnt. Wegen des Wasserreichtums und des Gefälles gab es hier früher einige Mühlen. Das alte Umgebindehaus in der Ortsmitte beherbergt die Heimatstube; hier kann man

Mein persönlicher Tipp

Liebhaber von Sonnenuntergängen sollten an klaren Tagen auf den Zirkelstein steigen – dann liegen die Schrammsteine und das gesamte Umland mit Kaiserkrone und Großem Winterberg im sanften Abendlicht. Anschließend heißt es aber schnell hinunter zum Bahnhof nach Schmilka zu gehen, um nicht in die Dunkelheit zu geraten.

historische Zeugnisse des Lebens der Einwohner aus früheren Jahrhunderten bewundern. Die Gemeinde Reinhardtsdorf-Schöna entstand 1973 aus dem Zusammenschluss der Orte Reinhardtsdorf, Kleingießhübel und Schöna.

Die Wanderung Vom Bahnhof in Schöna gehen wir an der Elbe südwärts Richtung »Schöna, Aschersteig«, bis rechter Hand der Aschersteig abzweigt und uns durch die Bahnunterführung leitet. In Kehren zieht der Weg durch den Wald steil hinauf. Am Waldrand angelangt, folgen wir dem Wegweiser »Malerweg« erst über freies Feld und anschließend rechter Hand in den Ort Schöna. Nach ca. 200 Metern im Ort zweigt wiederum rechter Hand der Weg mit dem Schild »Kaiserkrone« ab. Über Stufen geht es hinauf; die einzelnen Aussichtspunkte sind mit Stahltreppen erschlossen. Der Hauptgipfel lässt sich auch etwas unterhalb um seine Felsflanken umrunden.

Dann geht es wieder auf dem Hinweg bergab. An der Straße gehen wir rechter Hand in den Ort zum Lindenkaffee, biegen dort für wenige Meter nach links, dann leitet uns das Schild »Gasthof Zirkelstein« nach rechts, ehe es links weiter Richtung »Zirkelstein« geht. Über freies Feld wandern wir nun auf einem breiten Schotterweg zum Fuß des Berges. Gleich am Waldrand führt ohne Beschilderung der Weg linker Hand bergauf. Den weiteren Anstieg nehmen wir an der nächsten Gabelung nach rechts, ebenfalls ohne Beschilderung. Jetzt geht es über die Eisentreppen steil hinauf zum Gipfel. Nach dem Abstieg über die Eisentreppen kann man den Gipfel auch noch südseitig umrunden. Am Fuß des Berges und damit am Waldrand angelangt, laufen wir wieder auf dem bekannten Hinweg zurück nach Schöna; dabei lassen wir natürlich den Abstecher zur Kaiserkrone aus.

Festung Königstein über
dem Morgennebel, links
daneben der Pfaffenstein

Für jeden Tag
die richtige Tour

#	Tour	⛰	🕐	🏃 km	🍴	☺	🏛	❄	☀	🌳	🚌
1	Von Stadt Wehlen zur Wilkeaussicht	100	2.15	5,2		●	●			●	●
2	Über Amselgrund und Schwedenlöcher zur Bastei	230	2	6,7	●	●	●			●	●
3	Auf den Lilienstein über der Elbschleife	270	2.30	4,3/4,2	●	●	●				●
4	Von Burg Hohnstein zur Gautschgrotte	120	1.30	4,2	●	●	●		●	●	●
5	Vom Tiefen Grund zur Brandbaude	190	2.30–3	7,0/4,8	●	●				●	●
6	Burg Schomberg, Kurpark und Personenaufzug	200	2.15	4,5	●		●				●
7	Auf die Hohe Liebe hoch über der Kirnitzsch	250	2.15	3,4/2,6/3,2		●				●	●
8	Zum großen Felsentor am Neuen Wildenstein	180	1.30	2,5	●	●	●			●	●
9	Frienstein und Idagrotte am Oberen Affensteinweg	380	3.30	8,3	●					●	●
10	Zum Hinteren Raubschloss	200	2.30	5,8/0,1	●		●			●	●
11	Auf den Teichstein über dem Zeughaus	240	2.15	7,7	●		●			●	●
12	Zwischen Goldstein und Richterschlüchten	220	4	7,9	●	●	●			●	●
13	Über den Reitsteig zur Hickelhöhle	200	3.15	9,8/4,8	●	●	●			●	●
14	Aufs Große und Kleine Pohlshorn	150/170	2	4,4/5,1			●			●	
15	Königsplatz und Grünstellige		1–2	2,7/0,1		●	●			●	●
16	Über den Königsplatz zur Oberen Schleuse	350	3.30–4.30	10,3	●		●			●	●

Nr.	Tour	Höhenunterschied hinauf/hinab in Hm	Gehzeit in Std.	Länge in km	Einkehr	kindergeeignet	Sehenswürdigkeit	wintergeeignet	viel Sonne	schattiger Weg	ÖPNV
17	● Elbleitenweg von Ostrau nach Schmilka	180	2.30	7,7/0,5							●
18	● Schrammsteinaussicht und Breite Kluft	350	4.15	7,3	●		●		●	●	●
19	● Carolafelsen und Wilde Hölle	360	3	6,2						●	●
20	● Kleine Bastei über der Elbe bei Schmilka	200	2	4,0	●	●				●	●
21	● Hoch über Schmilka auf dem Kipphorn	430	3.30	9,5	●		●			●	●
22	● Edmundsklamm und Wilde Klamm	170	3.30–4.30	11,2/11,8	●	●	●			●	●
23	● Zum Prebischtor	200	3.45	4,6	●	●	●				●
24	● Kleines Prebischtor und Schauenstein	320	2.30	1,7			●			●	●
25	◖ Marienfelsen, Wilhelminenwand, Rudolfstein	320	4	5,5			●				●
26	● Zur Festung Königstein	240	2.30	5,5	●		●			●	●
27	● Auf dem Gohrisch-Rundweg	110	1.30	1,3/0,5		●					●
28	● Von Bad Schandau auf den Papststein	330	3.15	4,2/0,4	●					●	●
29	● Signal und Katzfels	220	2–3	3,9/0,7		●				●	●
30	◖ Kaiserkrone und Zirkelstein bei Schöna	350	3	4,8	●	●			●		●

Zusätzlich angegebene Kilometerangaben gelten ggf. ergänzend für die Alternativrouten.

Piktogramme erleichtern den Überblick

🥾 Länge in km	✕ Einkehr	❄ wintergeeignet	🚌 ÖPNV
▲ Höhenunterschied hinauf/hinab in Hm	☺ kindergeeignet*	☀ viel Sonne	
🕐 Gehzeit in Std.	🏛 Sehenswürdigkeit	🌳 schattiger Weg	

* Als kindgerecht werden interessante, schmälere Wanderwege definiert. Etwaige Wegstücke mit Leitern und Stufen bewegen sich in einem familienverträglichen Rahmen, Trittsicherheit und Wandererfahrung aller Beteiligten vorausgesetzt.

PS:

Gewitter im Kirnitzschtal

Zu einer neuen Tour für dieses Buch brach ich am späten Vormittag auf, ganz wie es sich für Langschläfer gehört. Von Hinterhermsdorf über den Königsplatz sollte es gehen und entlang der Kirnitzsch zur Oberen Schleuse. Das anfänglich sonnige Wetter lieferte schöne Bildmotive, doch dann verdunkelte sich der Himmel. Schnell noch zum Unterstand, dann brach das Gewitter los. So schnell wie der Regen gekommen war, ging er auch wieder. Bezaubernd lagen die Nebel über der Kirnitzsch, die still durch die dunklen Wälder floss – unvergessliche Eindrücke und ebenso schöne Fotomotive. An der alten Baude der Oberen Schleuse rauchte es aus dem Kamin. Wir schlürften unseren Kaffee an der Baude und inhalierten tief dieses einmalige Landschaftsambiente.

Die Kirnitzschtalbahn

Wo in Deutschland kann man noch mit so einer urigen Straßenbahn fahren, noch dazu im Linienbetrieb? Nach der Tour zum Teichstein begann es zu regnen. Das Rauschen des Regens und das der Kirnitzsch inspirierten mich gleichermaßen, noch ein Stück auf dem Flößersteig weiterzulaufen. So kam ich bei strömendem Regen an der Endhaltestelle »meiner« Straßenbahn an – ihre Scheiben waren beschlagen, Laubblätter hingen an den Fenstern. Alsbald fuhr die Bahn ratternd neben der idyllischen Kirnitzsch dahin. Mit völlig durchweichten Wanderklamotten stieg ich nass, aber glücklich an der Endhaltestelle aus – und ging in die Sauna.

Michael Kleemann

Register

Impressum

Verantwortlich: Stefanie Krüger
Redaktion: Anette Späth
Layout: grafikatelier luk, Eva-Maria Klaffenböck
Repro: Cromika
Kartografie: Bruckmann Verlag GmbH, Heidi Schmalfuß
Herstellung: Stephanie Schlemmer
Printed in Poland by CGS Printing

★ ★ ★ ★ ★

Sind Sie mit diesem Titel zufrieden? Dann würden wir uns über Ihre Weiter-empfehlung freuen.
Erzählen Sie es im Freundeskreis, berichten Sie Ihrem Buchhändler, oder bewerten Sie beim Onlinekauf. Und wenn Sie Kritik, Korrekturen, Aktualisierungen haben, freuen wir uns über Ihre Nachricht an Bruckmann Verlag, Postfach 40 02 09, D-80702 München oder per E-Mail an lektorat@verlagshaus.de.

Unser komplettes Programm finden Sie unter  www.bruckmann.de

Alle Angaben dieses Werkes wurden vom Autor sorgfältig recherchiert und auf den neuesten Stand gebracht sowie vom Verlag geprüft. Für die Richtigkeit der Angaben kann jedoch keine Haftung übernommen werden, weshalb die Nutzung auf eigene Gefahr erfolgt. Insbesondere bei GPS-Daten können Abweichungen nicht ausgeschlossen werden. Sollte dieses Werk Links auf Webseiten Dritter enthalten, so machen wir uns die Inhalte nicht zu eigen und übernehmen für die Inhalte keine Haftung. In diesem Buch wird aus Gründen der besseren Lesbarkeit das generische Maskulinum verwendet. Weibliche und anderweitige Geschlechteridentitäten werden dabei ausdrücklich mitgemeint, soweit es für die Aussage erforderlich ist.

Empfehlung der Redaktion Sie sind auf der Suche nach weiterführender Literatur? Dann empfehlen wir Ihnen den Titel »Vergessene Pfade Elbsandsteingebirge« von Daphna Zieschang und Anita Morandell-Meißner. Oder Sie werfen einen Blick in die Zeitschrift »Bergsteiger«. Hier werden Sie bestimmt fündig.

Bildnachweis: Alle Aufnahmen auf dem Umschlag und im Innenteil stammen vom Autor mit folgenden Ausnahmen: Bad Schandauer Kur- und Tourismus GmbH: S. 2 u., 45, 53, 113; Berghotel Bastei: S. 19; Frank Exß: S. 16, 17, 29, 34 (2), 40, 41, 52, 63, 67, 73, 83, 102 (2), 107, 111, 116, 119; Fotokunst Eleonore Peters: S. 10 (2), 48 l., 49; Bernd Walther Heidenau: S. 2 o., 105; Tourismusverband Sächsische Schweiz e.V. Frank Exß: 23, 122

Umschlagvorderseite: Ein wahrer Genuss – die Aussicht auf den Nationalpark Sächsische Schweiz (Tobias Richter/LOOK-foto)
Umschlagrückseite: In der romantischen Edmundsklamm (Tour 22)

Die Deutsche Nationalbibliothek verzeichnet diese Publikation in der Deutschen Nationalbibliografie; detaillierte bibliografische Daten sind im Internet über http://dnb.d-nb.de abrufbar.

5. aktualisierte Neuauflage
© 2023, 2021, 2020, 2019, 2016 Bruckmann Verlag GmbH, Infanteriestr. 11a, 80797 München
ISBN 978-3-7654-8270-0